40代からの街道歩き

《日光街道編》

contents

Column

日光街道全図

日光／
日光二荒山神社
(P.175)

日光／日光東照宮(P.171)

コース11／橿原神社(星宮神社)
(P.118)

コース16／智賀都神社（P・151）

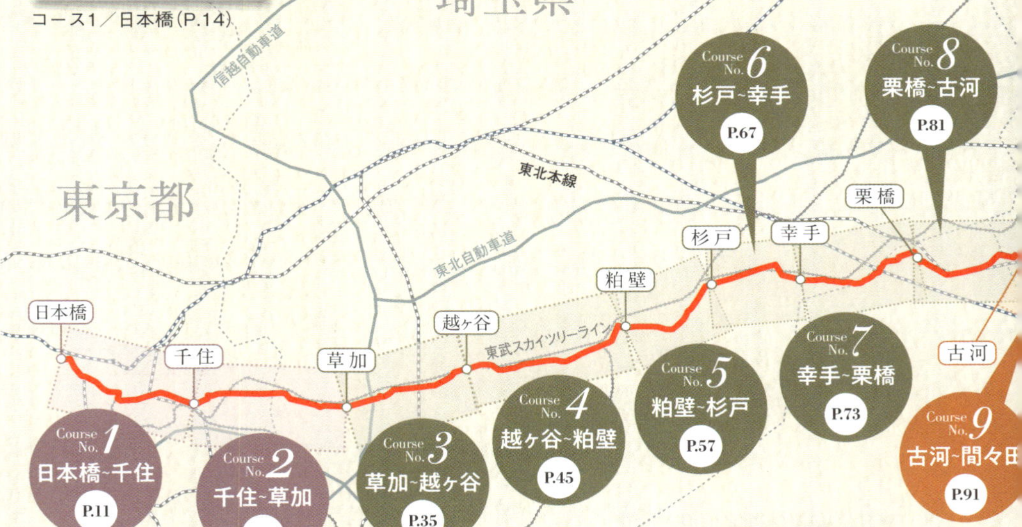

コース6／宝性院（P.71）

コース1／日本橋（P.14）

コース8／栗橋八坂神社（P.85）

コース3／草加松原（P.41）

日光街道とは

散策前に知っておきたい基礎知識

上／将軍の宿泊所となった宇都宮城址
下／今も旅人を導く「日光道」の道碑

日光街道とは

日光街道は、江戸日本橋から日光東照宮の玄関口となる鉢石宿までを結ぶ街道で、東海道、中山道、奥州道、甲州道と合わせて「五街道」の1つに数えられている。表記に関しては長く「日光海道」の文字が使われたが、正徳6年（1716）に幕府は正式名称を「日光道中」とした。ただし、その後も日光海道と書かれた道標もあり、混在していたようだ。本書では現在一般的な表記である「日光街道」を使用する。

ご存じのとおり、日光東照宮は徳川家康の霊廟だ。元和2年（1616）に造営が始まり、久能山東照宮（静岡県）から遺骸を遷座した。当然、日光街道の整備はその前後となるが、江戸から宇都宮までは「奥州街道」と重複する。宇都宮から奥州街道は白河の関で知られる福島県白河市へ、日光街道は日光東照宮へ分岐する。

日光街道の宿場は21宿。全行程は36里3町2間（約142km）で、江戸から出発すると3泊4日の行程だったといわれる。単純計算すると1日約36kmだから、昔の人の健脚ぶりには驚かされる。

将軍の日光社参は

日光社参とは日光東照宮を参詣すること。将軍家の日光社参は、家康の命日に行われる例祭に参加することが目的であり、元和3年（1617）、2代将軍・徳川秀忠が最初となる。例祭は毎年行われたが、将軍が参詣に訪れるのは年忌の節目や幕府の威光を示す時で、平年は将軍の名代が代参した。

一般庶民と同じように、将軍も3泊4日で日

日光東照宮奥社は徳川家康の墓所。宝塔には家康の遺骸が納められているという

光入りしている。宿泊地は旅籠ではなく城となる。その関係からコースは、江戸城を発ち、岩淵、川口などを経て岩槻城で最初の宿泊。次の日は幸手で日光街道に合流し、古河城で2泊目。翌日は野木、間々田、小山、新田、小金井、石橋、雀宮を経て宇都宮城に泊まる。最終日は日光山へ入った。江戸城から岩槻城を経て幸手に合流する道は、将軍が通ることから日光御成道とも呼ばれた。

　徳川家康から数えると、江戸幕府には15人の将軍がいたが、そのうち日光社参を行ったのは2代秀忠、3代家光、4代家綱、8代吉宗、10代家治、12代家慶の6人だけ。現役の将軍としては16回、将軍の就任前や引退後を含めると19回行われている。最多は家光の10回で、祖父の家康を慕う気持ちがよく分かる。

　初期の日光社参は、将軍でも数名の大名と供奉の者を従えた〝行列〟だったが、日光東照宮が豪華絢爛な社殿に建て替えられた寛永13年（1636）からは〝大行列〟となる。大老や老中といった幕閣をはじめ、大名、旗本など総勢10数万人が移動するのだから、莫大な費用と入念な準備が必要だった。

　そのため、寛文3年（1663）に4代家綱が日光社参した後は、8代吉宗まで65年の空白が生じている。最後の日光社参となる天保14年（1843）の徳川家慶の大行列は総勢14～15万人。先頭の行列が岩槻に達しても、最後尾は江戸城にいたと伝わっている。

宿場の役目は

　宿場の役割で重要とされたのが「伝馬」である。幕府の重要な書状や荷物を次の宿場に届ける仕事で、そのための人足や馬を確保するところが問屋場だった。本陣は将軍や大名などが休憩・宿泊するところで、名主などが務めた。脇本陣はその補佐といえる。一般庶民は旅籠で宿泊した。本書のコースガイドに記した宿場の総家数、人口などは天保14年（1843）頃にまとめられた『日光・奥州・甲州道中宿村大概帳』を参考にした。

街道歩きのアドバイス

楽しく歩くための準備とコツ

ベストシーズンは？

日光街道を歩く時期としては、春（3月～6月）と秋（9月～11月）をおすすめしたい。春ならば、隅田川、権現堂堤、日光街道桜並木のサクラをはじめ、多彩な花々を見ながら歩くことができ、秋は紅葉が美しい。

避けたいのは7・8月だ。東京—日光間で一番標高の高い栃木県日光市でも7月の最高気温は30度を超える。しかも、日光街道はほとんどが舗装道だ。地面からの照り返しもあり、気温以上に暑く感じる。到底、楽しむ気分にはなれない。それならば、日照時間が短くなり、寒さ対策も必要になるが、冬の方がいい。

アクセスでは、日光街道沿いに東武鉄道とJR東北本線が走るので苦労は少ない。ただし、宇都宮市から日光市今市までのコース15～17は路線バスを利用する。事前に発車時刻を調べておくといい。小銭も忘れずに。

服装や必携アイテムは？

登山ほどではないが、長く歩くことを考えると、パンツはストレッチ素材で、下着と合わせてポリエステル系の速乾性のものがいい。シャツは半袖を避け、襟付きの長袖にしておくと日焼けや虫刺されの予防になる。着替えもあるといい。

帽子も必需品。夏場は熱中症対策で通気性が良いものを選ぶ。キャップタイプは首の後ろが日焼けしやすいので気をつけたい。荷物はリュックやウエストポーチに収め、できるだけ両手を空けておく。片がけバックは体のバランスが悪くなり、疲れやすいので避けた方がいいだろう。折りたたみ傘やレインウェアなどの雨具の有無は、当日の天気予報を見て各自で判断して欲しい。

靴に関しては、ウォーキングシューズまたはスニーカーで大丈夫。靴を履くときは紐を緩めて履き、つま先を上げ、踵でトントンと地面を叩く。足の甲がフィットするように紐を締めたら、今度は踵をあげて、足指の付け根が曲がった状態で紐を蝶結びにする。靴下は5本指ソックスだと、踏ん張りが利き、足マメ予防にも効果がある。

踵でトントンと地面を叩き、フィットしたら紐を締める
踵をあげ、足の付け根を曲げた状態で紐を蝶結びにする

歩き方のコツは？

まずはウォーミングアップ。両手を組んで裏替えしに頭上に上げて背筋を伸ばした

り、腰や足・手首を回したり、膝の屈伸運動、アキレス腱を伸ばすなど、筋肉や腱をほぐして体の柔軟性を高めておく。歩き初めてからも信号待ちや休憩時にストレッチ運動して、こまめに疲れを取っておくとよい。

　歩き方のコツは踵からつま先へゆっくり重心を移動させ、歩幅は無理しない程度で広くとる。単純に10ｍを20歩で歩く時と18歩で歩く時では2歩の差が出る。１００ｍで20歩、１㎞だと２００歩、10㎞で２０００歩の差ができる。１歩ごとに膝や腰は衝撃を受けるので、やはり歩数は少ない方がいい。

　水分補給も忘れずに。喉が渇いてからではなく、夏場ならば30分から1時間を目安に1回にコップ1杯分（１８０〜２００㎖）程度の水を飲もう。当然、荷物には水筒もしくは５００㎖のペットボトルを加えておくことを忘れずに。また、飴などのオヤツがあると気分転換になるので持っていくといい。

トイレ・食事は？

　日光街道は国道４号、国道１１９号に重なることが多く、それほど食事には困らない。トイレに関しては、スタート地点の駅と昼食をとる飲食店などでは必ず寄ること。途中はコンビニ、公園、ショッピングセンターなどで借りることになる。食事もトイレも困る前に済ませることをおすすめする。

帽子
日差しや紫外線から頭を守ってくれる。多少の雨なら気にならない
リュック
体にフィットするもの。地図などを収納できる脇ポケット付きが便利
パンツ
速乾性のあるポリエステル系で、ストレッチ素材がおすすめ
水筒
500㎖のペットボトルサイズならリュックの脇ポケットに差せる
靴
ウォーキングシューズがベストだが、スニーカーでも大丈夫

本書利用にあたって

●記載しているデータ（営業時間・定休日・料金）は2018年7月31日現在のものです。その後、変更されることがありますので、ご利用にあたっては事前に確認願います。

●休業日に関しては年末年始、GW、お盆、9月の連休などは変更になる場合があります。

●美術館や博物館、公園、庭園などの施設は、原則的に閉館（園）時間を記載しています。また、料金は通常期の大人1名分で表示しています。

●各コースに記載している歩行距離は、コース図内の点線部分から算出したものです。歩行時間は時速4km（分速約67m）、歩数は1歩75cmで算出しています。

●各コースに記載している歩行距離・時間・歩数には、寺社、公園、博物館などの施設内の距離・時間・歩数は含まれず、入口までで算出しています。

●記載している歩行距離・時間・歩数は目安です。歩き方や見学時間などによっても異なりますが、実際には記載している距離・時間・歩数の1.3〜1.5倍くらいになります。余裕をもって計画されることをおすすめします。

Course No.

1

日本橋 ▸ 千住

五街道の起点を発ち江戸の名所を巡る

歩行距離 約11.6km

約3時間

歩数 約1万5600歩

Start 日本橋駅
地下鉄銀座線・東西線・浅草線

▼

1 日本橋

▼

5 浅草寺

▼

8 待乳山聖天

▼

11 首切り地蔵（延命寺）

▼

15 素盞雄神社

▼

20 源長寺

▼

Goal 北千住駅
JR常磐線
東武スカイツリーライン
地下鉄千代田線・日比谷線
つくばエクスプレス

千住宿拡大図P21
勝専寺
北千住駅
源長寺
東武スカイツリーライン
京成本線
町屋駅
千住大橋駅
都電荒川線
17 橋戸稲荷神社
おくのほそ道
矢立初めの碑
奥の細道プチテラス
松尾芭蕉像
足立市場（中央卸売市場）
15 素盞雄神社
16 千住大橋
南千住
南千住駅
松尾芭蕉像
14 円通寺
常磐線
12 回向院
エレベーター付きの跨線橋で北側に渡る。右手に貨物列車のターミナルが見える
13 浄閑寺
泪橋
つくばエクスプレス
11 首切り地蔵（延命寺）
4
隅田川
10 山谷堀公園
9 今戸神社
浅草高前
8 待乳山聖天
7 姥ヶ池跡
6 浅草神社
言問橋西
水戸街道
5 浅草寺
浅草駅
言問橋
6
上野駅
浅草文化観光センター
8階に無料の展望テラスあり。トイレ休憩にも重宝する
浅草駅
雷門
吾妻橋
駒形橋西詰
駒形どぜう本店
4 駒形堂
東武スカイツリーライン
厩橋
蔵前一
浅草御蔵跡碑
蔵前橋
浅草橋駅
3 第六天榊神社
秋葉原駅
総武線
浅草見附跡碑
郡代屋敷跡
浅草橋
国道4号がコースを横切るため、左に少し歩いた交差点を渡る
靖国通り
浅草橋
両国駅
14
京葉道路
十思スクエア別館
2 十思公園
江戸屋
小津和紙
享保3年（1718）創業の刷毛・ブラシ店で、屋号は将軍家から与えられた
室町三南
YUITO
日本国道路元標
日本橋由来碑
日本橋魚河岸記念碑
1 日本橋
東京駅
日本橋駅
東西線
永代通り
銀座線
浅草線
N
0
500m

旅人の門出を祝うように 江戸の名所が目白押し

日光東照宮を目指して、1都3県を歩く日光街道の旅を始めよう。スタートは五街道の起点となる①日本橋《にほんばし》だ。この橋は徳川家康が幕府を開いた慶長8年（1603）に初めて架けられたと伝わっている。橋の下には江戸城大手門口から隅田川を通る日本橋川が流れ、江戸時代は荷船や客船が頻繁に往来した。橋の北側には魚市場、南側には高札場と罪人のさらし場があった。

日本橋三越本店を左に見てしばし歩き、室町三丁目南交差点を右折。国道4号を渡り、②十思公園《じっしこうえん》に寄る。江戸時代は伝馬町牢屋敷が立っていたところで、幕末、長州藩の吉田松陰が安政の大獄で投獄され、処刑されたのはここ。

江戸通り（国道6号）の南側を並行する旧日光街道に戻り、浅草橋を渡る。橋の近くには船宿があり、神田川には屋形船が係留されている。

③第六天榊神社を過ぎ、④駒形堂が見えると、下町の象徴・⑤浅草寺はすぐだ。雷門から仲見世通りに入ると、人形焼き、せんべい、和小物、玩具などの店が並び、いつ訪れても縁日のように賑わっている。巨大な本堂に圧倒される浅草寺、三社祭で名高い⑥浅草神社を参拝したら、⑦姥ヶ池跡を見て、⑧待乳山聖天へ。本堂は約10ｍの高台に立ち、江戸時代は文人墨客にも愛された人気のビュースポットであった。ここから3分ほど歩いた⑨今戸神社は、縁結びの御利益があるパワースポットとして、女性に人気がある。

春は桜が美しい⑩山谷堀公園から15分ほど歩くと泪橋交差点があり、JRの線路を越えると⑪首切り地蔵（延命寺）に着く。このあたりに江戸の三大刑場といわれた小塚原刑場があった。約1800坪の敷地があり、火あぶりや磔《はりつけ》などが行われたという。その刑死者を弔うために開かれたのが⑫回向院だ。回向院とJR常磐線の間にある小道を歩き、突き当たりを左折。線路をくぐると新吉原遊郭の遊女を弔う⑬浄閑寺がある。

国道4号に出て、少し歩くと⑭円通寺に着く。境内には旧幕府軍と新政府軍が衝突した上野戦争で、激戦地となった上野寛永寺の黒門が移設されている。⑮素盞雄神社を経て⑯千住大橋を渡り、⑰橋戸稲荷神社を詣でたら、足立市場前のY字路を右に進む。この通りに幕府の御用市場でもあった⑱やっちゃ場があり、昭和まで威勢のよい競りの声が聞かれたそうだ。⑲千住宿歴史プチテラス、⑳源長寺を過ぎ、商店街の先にある駅前通りを右折すると、北千住駅が見えてくる。

五街道の起点となった
江戸・東京のシンボル

1 日本橋《にほんばし》

現在の橋は明治44年（1911）に完成。花崗岩を使ったアーチ橋で、関東大震災や東京大空襲にも耐えた。橋柱の揮毫は15代将軍徳川慶喜。橋の中央に日本国道路元標がある。

完成から100年以上も経つが美しい姿を保つ

麒麟像で飾った橋柱。日本橋から飛び立つという意味を込めて、翼や背びれが付いている

日本橋の上、道路中央に日本国道路元標が埋め込まれている

日本橋魚河岸跡。白亜の乙姫像が鎮座する

吉田松陰が生涯を閉じた
江戸最大級の牢屋敷跡

2 十思公園《じっしこうえん》

伝馬町牢屋敷の跡地。牢屋敷は未決囚を留置する施設で、身分によって獄舎が異なり、取り調べに使われる拷問蔵などもあった。公園に隣接する「十思スクエア別館」1階に牢屋敷の模型があるので、見学するのもいい。

東京都中央区日本橋小伝馬町5-2

右／園内に立つ松陰先生終焉之地碑
上／平成24年に発掘された牢屋敷の石垣が移築復元されている
下／江戸の人々に時刻を知らせた時の鐘

昼時は周辺のオフィスで働くビジネスマンの憩いの場になる

浅草見附跡碑。見附は見張り所のことで要所に置かれた

健康長寿と恋愛成就の神様が祀られている

主として関東の幕府直轄領の年貢徴収や治水を担った郡代の屋敷跡

関東を中心に崇敬をされる
第六天神社の総本宮

3 第六天榊神社《だいろくてんさかきじんじゃ》

日本武尊（ヤマトタケルノミコト）が創建したと伝わる古社。明治7年（1874）から明治14年（1881）まで、この地に公立図書館「浅草文庫」があり、11万余冊とも13万余冊とも伝わる蔵書が閲覧できた。

東京都台東区蔵前1-4-3

境内に残された高さ4mの浅草文庫跡碑

駒形橋近くの堂宇は
浅草寺の発祥地

4 駒形堂《こまがたどう》

浅草寺は推古天皇36年（628）に漁師の檜前浜成・竹成（ひのくまはまなり・たけなり）兄弟が網にかかった本尊を持ち帰り、草庵に祀ったのが始まり。現在、駒形堂の立つ場所が草庵のあった地とされている。

東京都台東区雷門2-2-3

毎月19日は縁日で駒形堂のご本尊が開帳される

鳥や魚の殺生を禁じた浅草観音戒殺碑

上／本堂は昭和33年(1958)に再建。その際には昭和天皇から金一封が下賜された
下／総門となる雷門

年間3000万人が参拝する
都内最古の寺院

5 浅草寺《せんそうじ》

聖観音宗の総本山。昭和24年(1949)までは天台宗に属した。本尊は大化元年(645)に勝海(しょうかい)上人が絶対秘仏としたため、真偽は定かではないが、江戸時代の俗説では1寸8分(約5cm)の大きさといわれた。

東京都台東区浅草2-3-1

上／江戸時代造の夫婦狛犬は良縁に恵まれると人気だ
下／社殿は幣殿と拝殿が渡り廊下でつながる権現造り

下町っ子から親しみ込めて
“三社様”と呼ばれる

6 浅草神社《あさくさじんじゃ》

浅草寺の本尊を発見した檜前浜成・竹成兄弟と、草庵を提供した土師真中知(はじのまつち)を祭神とする。毎年5月の三社祭は江戸三大祭に数えられる。勇壮な神輿渡御が行われ、延べ180万人の観光客が集う。

東京都台東区浅草2-3-1

大根を仏前に供えて
商売繁盛、夫婦和合を祈願

⑧待乳山聖天《まつちやましょうでん》

浅草寺の支院の1つ。縁起では後推古天皇9年(601)の夏に干ばつが起こり、人々が苦しんでいると、十一面観音が大聖歓喜天(だいしょうかんぎてん)の姿で現れ、救済したことから信仰されるようになったという。

東京都台東区浅草7-4-1

上／高台のてっぺんに朱塗りの本堂が立つ　右／お供えの大根は受付で販売　左／巾着は商売繁盛、大根は健康・夫婦和合を意味する

公園内には石造の小さな祠と石碑が見られる

怖くして、悲しい
鬼女伝説が残る

⑦姥ヶ池跡《うばがいけあと》

明治24年(1891)まで大きな池があった。伝説によれば、このあたりに旅人を襲う老婆と娘がいた。ところが、老婆は誤って娘を殺してしまい、この池に身投げする。以後、姥ヶ池の名が付いたという。

東京都台東区花川戸2-4 花川戸公園内

幕末を駆け抜けた
沖田総司の終焉地

⑨今戸神社《いまどじんじゃ》

平安時代後期の武将である源頼義・義家父子が、京都の石清水八幡を勧請したのが始まりと伝わる。幕末は御典医の松本良順が仮住まいし、この地で新選組の沖田総司を他界するまで看病したといわれている。

東京都台東区今戸1-5-22

招き猫発祥の地といわれ、社殿では大きな招き猫が参拝者を出迎える

優しい笑みを浮かべ
刑死者の無念を包み込む

⑪ 首切り地蔵（延命寺）

くびきりじぞう（えんめいじ）

寛保元年（1741）に小塚原刑場の刑死者を弔うために建立された。20数個の花崗岩で造られ、高さは4mに及ぶ。地蔵前の題目塔は、元禄11年（1698）に京都の商人と尼僧が建立した。2人は全国の仕置き場などに供養のため100基以上も建立している。

東京都荒川区南千住2-34-5

20余万人といわれる刑死者を弔う

今戸橋－日本堤橋間の堀跡が公園になった

サクラの美しい公園は
粋人を運んだ昔の水路

⑩ 山谷堀公園 さんやぼりこうえん

現在の三ノ輪から隅田川へ抜けた山谷堀の一部を整備した公園。山谷堀の近くに新吉原遊郭があり、船で繰り出す粋人も多かった。堀の南側、現在の土手通りには隅田川の洪水対策として築かれた日本堤があった。

右／『解体新書』の記念碑　左／吉田松陰が最初に弔われた墓。後年、高杉晋作らにより、世田谷区の松陰神社が立つ地に改葬された

日本の医学に功績を残す
『解体新書』に貢献

⑫ 回向院 えこういん

寛文7年（1667）の開創。杉田玄白などが刑死者の腑分けに立ち会い、『解体新書』を記した縁から、境内に観臓（かんぞう）記念碑が設けてある。墓所には日本で最後の打ち首刑になったといわれる高橋お伝、鼠小僧の墓もある。

東京都荒川区南千住5-33-13

永井荷風の筆塚も残る 遊女の投げ込み寺

13 浄閑寺《じょうかんじ》

安政2年（1855）の大地震では新吉原の遊女の亡骸が多数運ばれ、投げ込み同然に弔われたことから「投げ込み寺」と呼ばれた。作家の永井荷風は遊女の悲しい生涯に感じ入り何度も足を運んでいる。

東京都荒川区南千住2-1-12

新吉原遊女の供養塔（上）には、遊女の心情を詠んだ「生きては苦界、死しては浄閑寺」の川柳が刻まれている

黒門の生々しい弾痕が 上野戦争の激しさを伝える

14 円通寺《えんつうじ》

延暦10年（791）に坂上田村麻呂が創建した曹洞宗の寺。上野戦争後、この寺の住職は新政府に願い出て、放置されていた旧幕府軍（彰義隊）の亡骸を弔った。その縁で、明治40年（1907）に上野寛永寺の黒門が移設された。

東京都荒川区南千住1-59-11

左上／屋根上の塔の中に金色の観音像が安置される
下／弾痕が残る寛永寺の黒門。奥には彰義隊士の墓がある

日光街道沿いに立つ
重厚な社殿が目印

15 素盞雄神社《すさのおじんじゃ》

1200余年前、修験道の開祖・役小角(えんのおづぬ)の高弟である黒珍(こくちん)が、小塚の中の瑞光石から現れた老人に神託を受け、スサノオ大神と大国主神(オオクニヌシノカミ)の子神であるアスカ大神を祀ったのが始まり。拝殿前では、今にも飛びかかりそうな姿の勇壮な狛犬が参詣者を迎える。

東京都荒川区南千住6-60-1

上／現在の浅草寺本堂を手がけた大岡實が設計した朱塗りの社殿 中／千住大橋に見立てた石橋の向こうに松尾芭蕉の句碑が立つ 下／石神伝説が伝わる瑞光石

現在の橋は関東大震災後に架けられた。橋のたもとに芭蕉の「奥の細道 矢田て初めの地」碑が立つ

奥州の玄関口となった
隅田川最初の橋

16 千住大橋《せんじゅおおはし》

文禄3年(1594)に架橋。徳川家康が隅田川に架けた最初の橋である。治水土木の名人で後の関東郡代となる伊奈忠次が奉行を務めたが、困難な工事となり南千住の熊野権現に神頼みしたという。歌川広重の『名所江戸百景』にも描かれている。

貴重な白壁の土蔵で
多彩な展示を行う

⑲千住宿歴史プチテラス

せんじゅしゅくれきしぷちてらす

元地漉紙問屋・横山家(P28参照)から寄贈された土蔵をギャラリーとして活用。「やっちゃ場展」や「千住宿歴史パネル展」などのほか、絵画や写真、手工芸などの作品展示を行う。

9時～19時(展示により異なる)/不定休/東京都足立区千住河原町21-11/☎03-3880-5422(足立区みどり推進課)

やっちゃ場展では半纏や帳面などを展示する

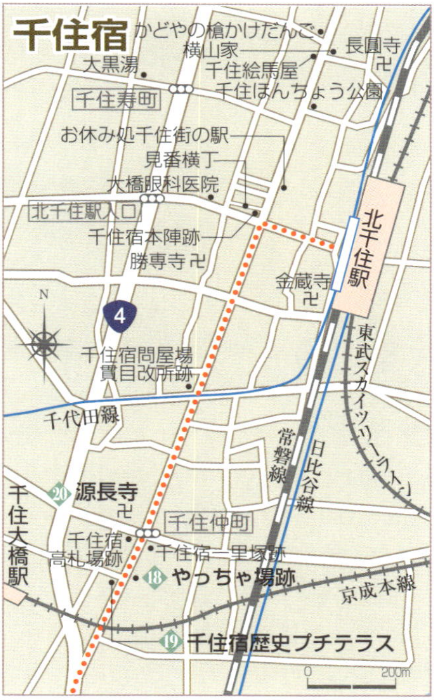

住宅街の一角に鎮座する橋戸稲荷神社。本殿は足立区の有形文化財

土蔵の本殿に残された
伊豆の長八の鏝絵

⑰橋戸稲荷神社

はしどいなりじんじゃ

安政6年(1859)に再建された本殿は足立区唯一の土蔵造りで、観音開きの扉の内側には「親子狐」の鏝絵(こてえ)が描かれている。作者は江戸から明治に活躍した名工・伊豆の長八だ。

東京都足立区千住橋戸町25

本殿の鏝絵は年3回公開だがレプリカは通年見られる

千住市場問屋配置図説明板を見ると、数多くの問屋が連なる往時の賑わいがよくわかる

神田、駒込と並ぶ
江戸三大青物市場

⑱やっちゃ場跡

やっちゃばあと

やっちゃば場とは青果市場のこと。競りのかけ声が「やっちゃ」と聞こえたことが名前の由来という。大正時代は千住で競り落とされた商品が神田や京橋の市場で転売されたため、深夜3時に市が開かれた。

千住宿の発展に貢献した石出吉胤が眠る

⑳源長寺《げんちょうじ》

隅田川の北側に掃部(かもん)堤(堤防)を築き、新田開発に尽力した元武士とされる石出吉胤(いしでよしたね)が、一族の菩提寺として開創した。石出が開拓した地(千住仲町など)は「掃部宿」と呼ばれ、後に千住宿に組み込まれる。

東京都足立区千住仲町4-1

右／山門前に立つ延命子育て地蔵　右下／13代将軍徳川家定が鷹狩りの際に訪れている

一里塚に向かい合うように高札場があった

千住の一里塚は町の中にあったため一対ではなく片側だけに立てられた

千住宿問屋場・貫目改所跡。問屋は人足や馬の手配をした

ひと足延ばして　ここもチェック！

❖矢立初めの地

元禄2年(1689)に奥州・北陸を巡り、俳諧紀行『おくのほそ道』を記した俳人・松尾芭蕉。その出発地はどこか？

松尾芭蕉と門人の河合曽良は深川から隅田川を遡り、千住大橋から歩き出す。この場所が「矢立初めの地」となるのだが、隅田川の北岸(足立区)と南岸(荒川区)のどちらに上陸したのかが謎になっている。荒川区側には素盞雄神社に句碑があり、南千住駅前に芭蕉像が立つ。足立区側にも千住大橋近くに石碑、千住市場の前に芭蕉像が立ち、一歩も譲らない。果たして、芭蕉と曽良はどちらから歩いたのか。推察しながら歩くのも楽しい。

右／足立区の「矢立初めの碑」　中／南千住駅の芭蕉像　左／足立区の芭蕉像はユーモラスな表情

Course No. 2

千住▶草加

江戸四宿で最大規模の千住宿を往く

歩行距離 約13.7km

約3時間30分

歩数 約1万8300歩

Start 北千住駅
JR常磐線
地下鉄千代田線・日比谷線
東武スカイツリーライン
つくばエクスプレス

▼

2 **勝専寺**

▼

5 **横山家**

▼

8 **名倉医院**

▼

11 **島根鷲神社**

▼

14 **瀬崎浅間神社**

▼

16 **浅古家の地蔵堂**

▼

Goal 草加駅
東武スカイツリーライン

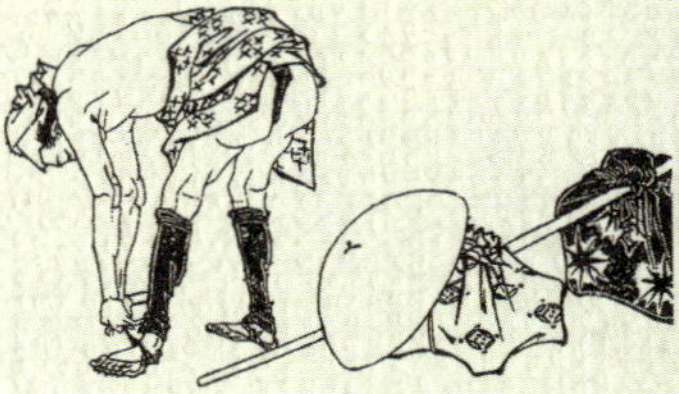

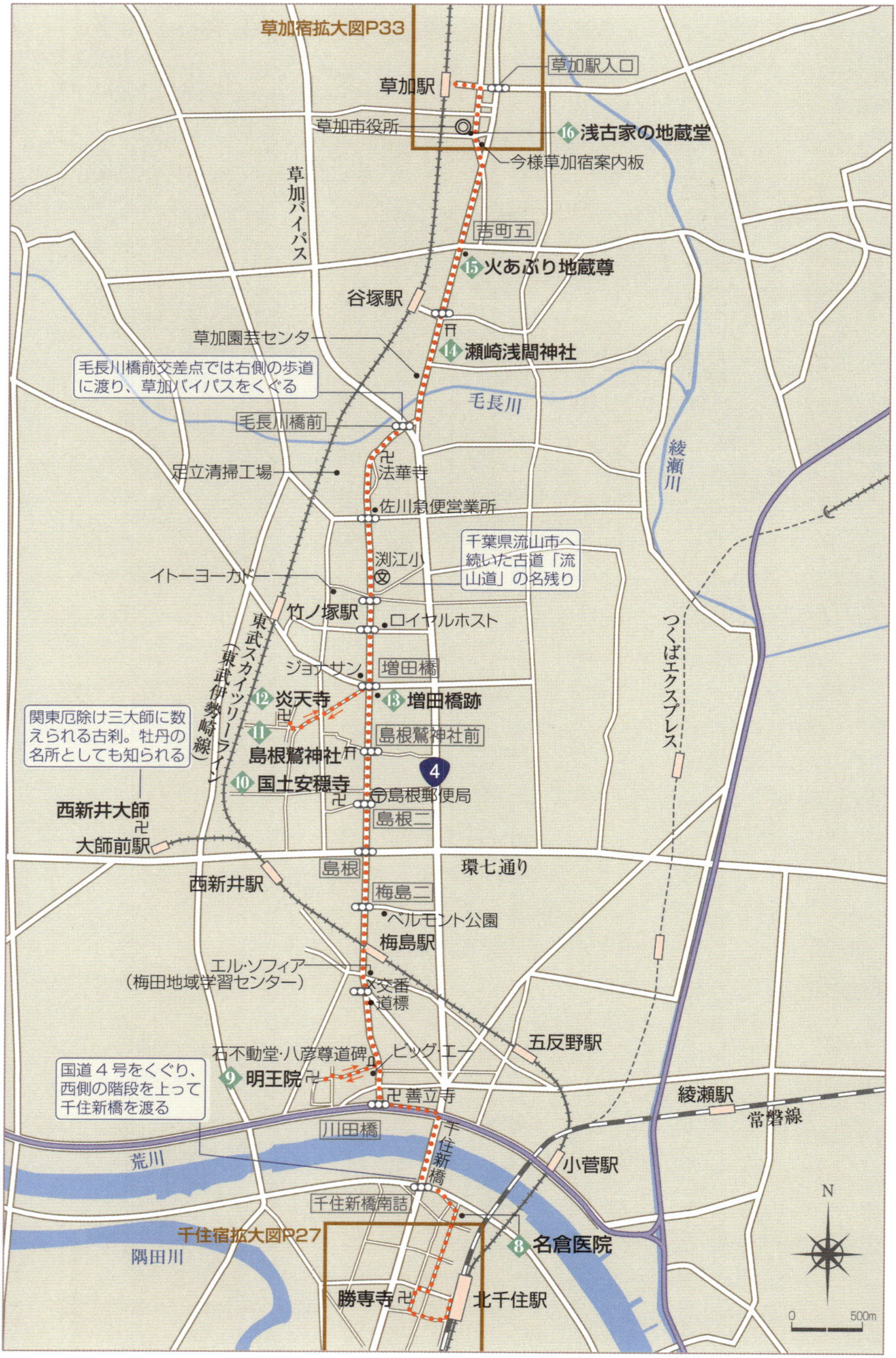

草加宿拡大図P33
草加駅入口
草加駅
草加市役所
16 浅古家の地蔵堂
今様草加宿案内板
草加バイパス
吉町五
15 火あぶり地蔵尊
谷塚駅
草加園芸センター
14 瀬崎浅間神社
毛長川橋前交差点では右側の歩道に渡り、草加バイパスをくぐる
毛長川
毛長川橋前
綾瀬川
法華寺
足立清掃工場
佐川急便営業所
千葉県流山市へ続いた古道「流山道」の名残り
渕江小
イトーヨーカドー
竹ノ塚駅
ロイヤルホスト
東武スカイツリーライン（東武伊勢崎線）
つくばエクスプレス
ジョナサン
増田橋
12 炎天寺
13 増田橋跡
関東厄除け三大師に数えられる古刹。牡丹の名所としても知られる
11
島根鷲神社前
島根鷲神社
4
10 国土安穏寺
島根郵便局
島根二
西新井大師
大師前駅
環七通り
島根
西新井駅
梅島二
ベルモント公園
梅島駅
エル・ソフィア（梅田地域学習センター）
交番
道標
五反野駅
石不動堂・八彦尊道碑
ビッグ・エー
国道４号をくぐり、西側の階段を上って千住新橋を渡る
9 明王院
善立寺
綾瀬駅
常磐線
川田橋
千住新橋
荒川
小菅駅
千住新橋南詰
千住宿拡大図P27
8 名倉医院
隅田川
勝専寺
北千住駅
N
0 500m

数々の史跡が伝わる千住宿の賑わい

東海道の品川宿、中山道の板橋宿、甲州街道の内藤新宿、そして、奥州・日光街道の千住宿。これらを合わせて「江戸四宿」というが、千住宿の規模は頭一つ抜け出ていた。

寛永2年(1625)の開宿時は現在の千住1丁目から5丁目までだったが、通行量が増えると、万治元年(1658)に掃部宿(千住仲町・河原町・橋戸町)が加わった。さらに2年後には隅田川南岸の小塚原町や中村町も加わり、南北約3kmにもなる。千住宿は宿場に加え、やっちゃ場もある流通の町でもあったので、その賑わいは想像が付く。

北千住駅西口から歩き出し飲み屋通りを抜け、❶金蔵寺を参拝。少し歩くと赤門が出迎える❷勝専寺に着く。千住の地名の由来は諸説あるが、この寺に祀られる千手観音から命名されたという説が有力。

宿場町通りに入ると、すぐに❸千住宿本陣跡の碑が立っている。❹お休み処千住街の駅を経て、宿場町通りを北上。❺横山家の手前を入ると突き当たりに❻長圓寺の山門があり、その脇にめやみ地蔵尊が祀られている。堂宇の周りには経木に胡粉を塗り、極彩色の泥絵の具で素朴な絵を描いた千住絵馬が奉納されている。

千住名物の❼かどやの槍かけだんごを味わい、❽名倉医院の長屋門を見たら、千住新橋を渡る。下を流れる荒川は荒川放水路の別名を持ち、明治44年(1911)から19年に及ぶ大工事によって造成された。

北岸に渡ったら、首都高を頭上に見て左に進む。川田橋交差点を右折して旧日光街道に入り、4分ほど歩くと石不動堂がある。竹筒に酒を入れてお供えし、参拝後にその酒を耳に付けると耳の病が治ると信じられた。

石不動堂の角を左に折れると❾明王院がある。3代将軍の徳川家光をはじめ、8代吉宗、12代家慶が鷹狩りの際に立ち寄り、ここで休憩している。

環七通りを越えて、❿国土安穏寺、⓫島根鷲神社を参拝。その先、増田橋交差点に出たら、左に見えるY字路を左に進む。2つ目の信号があるY字路を右に進み、熱帯魚店の角を右に入れば⓬炎天寺に出る。

増田橋交差点に戻ったら、⓭増田橋跡の石標碑を正面に見て左に進む。30分ほどで国道4号(草加バイパス)にぶつかり、毛《け》長川《ながわ》を渡ると埼玉県に入る。富士塚がある⓮瀬崎浅間神社、⓯火あぶり地蔵尊を過ぎると、草加せんべいの店が見え始める。「今様草加宿」の案内板が立つY字路を左に入り、埼玉屋旅館を過ぎると草加市役所はもうすぐ。入口の⓰浅古家の地蔵堂に手を合わせ、草加駅を目指そう。

右／右は遊女の墓。千住宿は旅籠55軒のうち36軒が食売旅籠（めしうりはたご）と呼ばれる遊女屋だった
下／入母屋造りの本堂に本尊が祀られている

北千住駅は5路線が乗り入れるターミナル駅。日光街道は駅の西側にある

千住七不思議の1つ
そば閻魔が鎮座する

1 金蔵寺《こんぞうじ》

建武2年（1335）の開創で、閻魔大王を本尊とする。「千住七不思議」では、この寺の閻魔大王が娘に変身し、毎夜そばを食べに出かけたという。入口に立つ無縁塔は天保8年（1837）に起きた大飢饉の死者を弔ったもの。

東京都足立区千住2-63

人通りの多い宿場町通りを歩けば、往時の様子が垣間見える

朱塗りの山門から
赤門寺と呼ばれる

2 勝専寺《しょうせんじ》

文応元年（1260）の開創。江戸時代は徳川家の御殿が設けられ、2代将軍徳川秀忠、3代家光、4代家綱が訪れた。境内の閻魔堂は毎年1月と7月の15日、16日に扉が開かれ、境内や通りには露店が出る。

東京都足立区千住2-11

上／普段は門を閉じている閻魔堂
中／レンガ張りコンクリート造りの本堂も個性的
左／赤門の扉も「閻魔開き」には開かれる

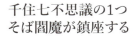

千住好きのスタッフが
街の魅力を伝える

④お休み処 千住街の駅

おやすみどころ せんじゅまちのえき

大正時代建築の魚屋を改装した観光案内所。大きな冷蔵庫やガラスケースが今も残っている。スタッフが常駐して観光の相談に応じるほか、観光マップやパンフレットを揃え、古い写真展示などで足立区の歴史を紹介している。

9時～17時／火曜休（祝日の場合は開館）／東京都足立区千住3-69／☎080-6630-8037

緋毛氈（ひもうせん）を敷いた縁台が街道の風情を演出する

開宿時は2軒の本陣があったが、いつしか1軒になったという

諸大名、公家、門主など
身分の高い人が宿泊した

③千住宿本陣跡

せんじゅしゅくほんじんあと

千住宿本陣を務めた秋葉市郎兵衛（あきばいちろべえ）屋敷跡。敷地は361坪の広さで、玄関付き門構えの立派な建物があった。市郎兵衛は千住・草加・越谷・粕壁・杉戸の五宿本陣総代も務めている。

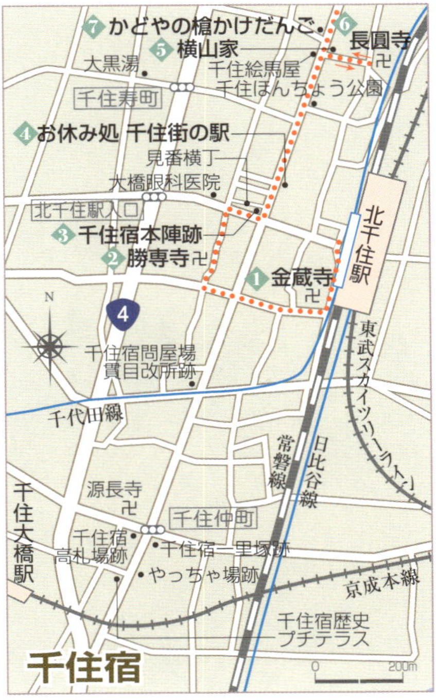

千住宿の案内板などを整備した千住ほんちょう公園。タコのすべり台があることから「タコ公園」とも呼ばれる

千住宿本陣跡脇の路地。昭和初期まで千住芸妓組合の見番（事務所）があり、見番横丁と呼ばれた

街道よりも一段低い戸口は客人を敬う気持ちの表れ

千住宿の面影を伝える細格子造りの商家

5 横山家《よこやまけ》

横山家は近隣の農家から再生紙である地漉紙(じすきがみ)を仕入れて売る問屋だった。木造2階建ての母屋は昭和11年(1936)に改修したが、江戸時代の姿をよく残している。伝馬役を務めたため「伝馬屋敷」とも呼ばれた。見学は外観のみ。

東京都足立区千住4-25-3

風情ある山門をくぐり心静かに参拝する

6 長圓寺《ちょうえんじ》

寛永4年(1627)に出羽三山の1つ、湯殿山の行者・雲海が結んだ草庵が始まりで、後に真言宗の僧・賢俊(けんしゅん)が開山した。境内には魚籃籠を持つ観音様を祀った魚藍観音や四国八十八カ所霊場巡りの石碑がある

東京都足立区千住4-27-5

横山家の向かいに立つ千住絵馬屋

山門をくぐり右側にある
四国八十八カ所霊場巡りの石碑

春は、落ち着きのある本堂を背景に桜が咲き誇る

めやみ地蔵尊。読経の代わりに円盤を回す摩尼(まに)車がある

柔らかくて歯切れも良い
団子の食感がクセになる

老松の記憶とともに味わう
千住名物の手作り団子

7 かどやの 槍かけだんご

かどやのやりかけだんご

水戸光圀が家来に槍を立てかけさせ休息した清亮寺の槍かけ松（1945年頃に枯死）が店名の由来。手作りの団子に備長炭で焼き目を付けるやきだんご（みたらし）と、こしあんをのせたあんだんごの2種がある。

9時〜18時（売り切れ次第閉店）／水曜（月1回火・水曜）休／東京都足立区千住5-5-10／☎03-3888-0682

名倉医院近くに立つ道しるべ。
ここが日光街道と下妻道の分岐になっていた

江戸時代に建てられた長屋門が残る

関東一円に名が知れた
骨つぎの名医

8 名倉医院

なぐらいいん

江戸時代から続く整形外科医院。関東一円で「骨つぎといえば名倉」といわれ、駕籠や大八車で運ばれる骨折患者が後を絶たなかったという。周辺には遠方の患者や重傷者が利用する宿屋が5軒もあった。

東京都足立区千住5-22-1

弘法大師が刻んだ
感得不動明王を祀る

9 明王院《みょうおういん》

平安末期に源頼朝の叔父にあたる源義広が祈願所として創建。江戸時代に京都の清閑寺から弘法大師作の感得不動明王をいただき、朱塗りの本堂に祀ったことから、地元では「赤不動」とも呼ばれている。

東京都足立区梅田4-15-30

境内に立つ八彦堂。子育てや咳の神と信仰される

自然石に刻まれた不動明王

明王院の参道入口に石不動堂と地蔵尊が立つ

本堂は昭和48年（1973）の再建。本尊は秘仏だが年3回開帳される

赤い仁王門の門扉に
金色の大きな葵の御紋

10 国土安穏寺《こくどあんのんじ》

応永17年（1410）に武将・千葉満胤（みつたね）の発願で建立された日蓮宗の寺。江戸時代は2代将軍徳川秀忠、3代家光が鷹狩りの休息で訪れている。その後、徳川家の祈願所と位牌安置所になり、葵紋の使用が許された。

東京都足立区島根4-4-1

本堂前に家光お手植えの松がある

上／仁王門の天井には見事な龍が描かれている
下／仁王門の扁額や瓦にも葵紋が見られる

郷土神楽を奉納する 西の市で知られる古社

⑪ 島根鷲神社《しまねわしじんじゃ》

足立区唯一の郷土神楽「島根神代神楽」が正月や11月の酉の市などで奉納される。島根は医師の吉田順庵が足立区初という寺子屋を開いた地で、その善行を知った8代将軍徳川吉宗は褒美を与えている。境内に島根学問所跡碑が立つ。

東京都足立区島根4-25-1

享保2年（1802）造営の鳥居

権現造りの社殿には
日本武尊（ヤマトタケルノミコト）などが祀られる

右／境内の池には蛙相撲の銅像が見られる　左／一茶の句碑　下／本堂前の福蛙を撫でて開運招福を祈願

句をしたためる小林一茶の姿を表現した像

一茶の名句になぞられた 奉納蛙相撲がユニーク

⑫ 炎天寺《えんてんじ》

江戸時代の俳人・小林一茶が「蝉なくや 六月村の 炎天寺」と詠んだ古刹。寺の近くで名句「やせ蛙 まけるな一茶 是にあり」が詠まれている。11月の一茶まつりではカエルに扮した小中学生による奉納蛙相撲が行われる。

東京都足立区六月3-13-20

境内の富士塚は大正5年（1916）に完成した

大切な水も運んだ
赤山街道の起点

⑬ 増田橋跡《ますだばしあと》

現在は5本の道が合わさる交差点だが、かつては石造りの増田橋があった。千住宿と草加宿の中間に位置し、この橋が旅人の目安となった。橋から西北に伸びる道は川口市へ抜ける赤山街道で、昔は両脇に用水路が設けられていた。

橋の周りには茶店があり、旅人が小休止したという

旧日光街道から石段を上ると拝殿がある

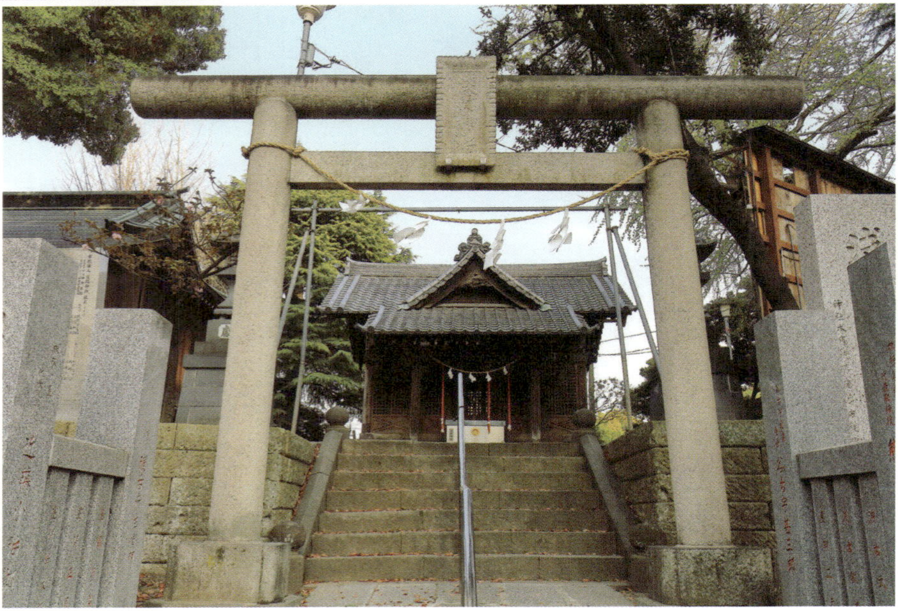

富士講の氏子たちが
今も篤く信仰する

⑭ 瀬崎浅間神社《せざきせんげんじんじゃ》

祭神は富士山の神である木花咲耶姫命（コノハナサクヤヒメノミコト）。草加市瀬崎地区は富士山を信仰する人々の集まり「富士講」が今も継続し、富士の神霊を称える唱言に節を付けて唱える「オツタエ」が年8回行われている。

埼玉県草加市瀬崎3-3-24

重さを刻んだ力石が5つ残されている

毎月24日(12月を除く)に開帳される

草加宿の玄関口に立つ
子育て地蔵尊

⑯浅古家の地蔵堂

あさこけのじぞうどう

江戸時代の豪商・浅古半兵衛が堀を流れる地蔵尊を拾い上げ、敷地内に祀ったところ子宝に恵まれたという。以来、子育て地蔵として信仰された。昭和初期までは、浅古家で貯まった賽銭を両替し、近所の子どもに配ったそう。

埼玉県草加市高砂1-1内

親孝行の娘にまつわる
悲しい物語が残る

⑮火あぶり地蔵尊

ひあぶりじぞうそん

伝説によると、富豪の家で働く孝行娘が母の看病のため休暇を願い出る。しかし、願いは叶わず、追い詰められた娘は屋敷に火を付けてしまう。幸いボヤで済むが、娘は火あぶりにされ、哀れに感じた村人が地蔵尊を安置したという。

埼玉県草加市瀬崎2-1内

娘の処刑地に地蔵堂が建てられたという

お耳拝借 1

❖毛長川《けながわ》の伝説

毛長川は草加市と足立区の境界を流れる一級河川。昔、新里に住む女性が舎人(とねり)に住む男性と婚約したが、病がはやり破談になる。女性は嵐の夜に沼へ身投げし、後に沼から女性の髪が見つかる。これを祀ったのが現在の毛長神社。以来、この地域に流れる川を毛長川と呼ぶようになったという。

川沿いには
旧家なども残る

o m i m i h a i s y a k u

ひと足延ばして ここもチェック!

❖ 西新井大師

関東厄除け三大師に数えられ、
正月三が日に約50万人の参拝者を集める
下町の古刹・西新井大師。
境内は見どころが目白押しだ。

堂内に13仏、五智如来、25菩薩などを祀った三匝堂。内部は非公開

平安時代に真言宗を開いた弘法大師(空海)は、たくさんの伝説を持つ仏教界のスーパースター。西新井大師こと「五智山遍照院總持寺(ごちさんへんじょういんそうじじ)」も弘法大師の開山と伝わるだけに、縁起はドラマチックだ。

今から約1200年前、この地は疫病が蔓延し、村人たちを苦しめていた。関東巡錫で訪れた弘法大師は見捨てておけず、十一面観音像と自分の像を造る。観音像は草庵に、自分の像は枯れ井戸に安置して、21日間の護摩祈祷を行う。

すると、井戸から清らかな水が湧き出し、瞬く間に疫病も治まった。感謝した村人は十一面観音像を信仰し、草庵の西側に井戸があったことから、西新井の地名が起こったという。

その後、何度も火災にあったが、その度に本尊の十一面観音像は難を逃れたことから「火伏せの大師」の呼び名が生まれる。江戸時代は女性の厄除け祈願寺として人気を博した。

イボ取りの塩地蔵
お礼は倍量の塩を

西新井大師は本堂を中心に、小さなお堂が囲んでいる。江戸時代後期に建てられた木造の仁王門をくぐるとすぐ左に全身塩まみれになった塩地蔵がある。江戸時代からイボ取りに霊験があると信じられ、堂内の塩を持ち帰り、功徳があればお礼に倍の量の塩を納めるのが習わしとされている。

本堂西側には、縁起に登場する加持の井戸、堂内に多くの諸仏を祀る三匝堂(さんそうどう)、四国遍路と同じ功徳がある四国八十八箇所お砂踏み霊場、弘法大師像と珍しい弘法大師稚児像などもある。

本堂の裏手には女性に信仰された如意輪堂(女人堂)、奥の院、出世稲荷などがあり、真新しい東門の近くには木造の鐘楼がある。樹齢700年の藤棚、約100品種2500株を植えた3つの牡丹園など、花の名所としても有名だ。

賑やかな門前町も魅力だ。山門前には中田屋と清水屋、少し離れて武蔵屋と田口菓子店の4店が、草だんごを販売している。どの店も団子と餡を分けて折に詰めてあり、自分好みの甘さに調節できる。清水屋と中田屋はスタッフが沿道で試食を勧めることが多く、そのかけ声も西新井大師の名物になっている。

和歌山県の高野山から奉迎した奥の院。「関東の高野山」と呼ばれる所以だ

草だんご、福だるま、せんべい、ウナギ料理などの店が集まる門前通り

境内/6時~20時(縁日・時期などで異なる)
東京都 足立区西新井1-15-1

Course No. 3

草加 ▸ 越ヶ谷

旅人の目を楽しませる634本の松並木

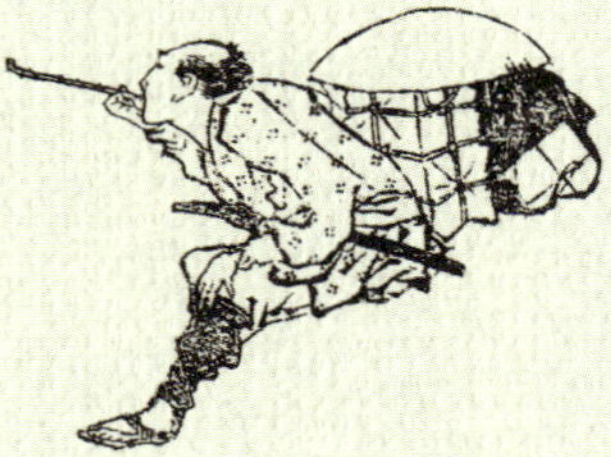

歩行距離 約8.6km

約2時間10分

歩数 約1万1500歩

Start 草加駅
東武スカイツリーライン

▼

1 藤城家

▼

4 東福寺

▼

10 草加松原

▼

12 蒲生の一里塚

▼

14 清蔵院

▼

15 照蓮院

▼

Goal 越谷駅
東武スカイツリーライン

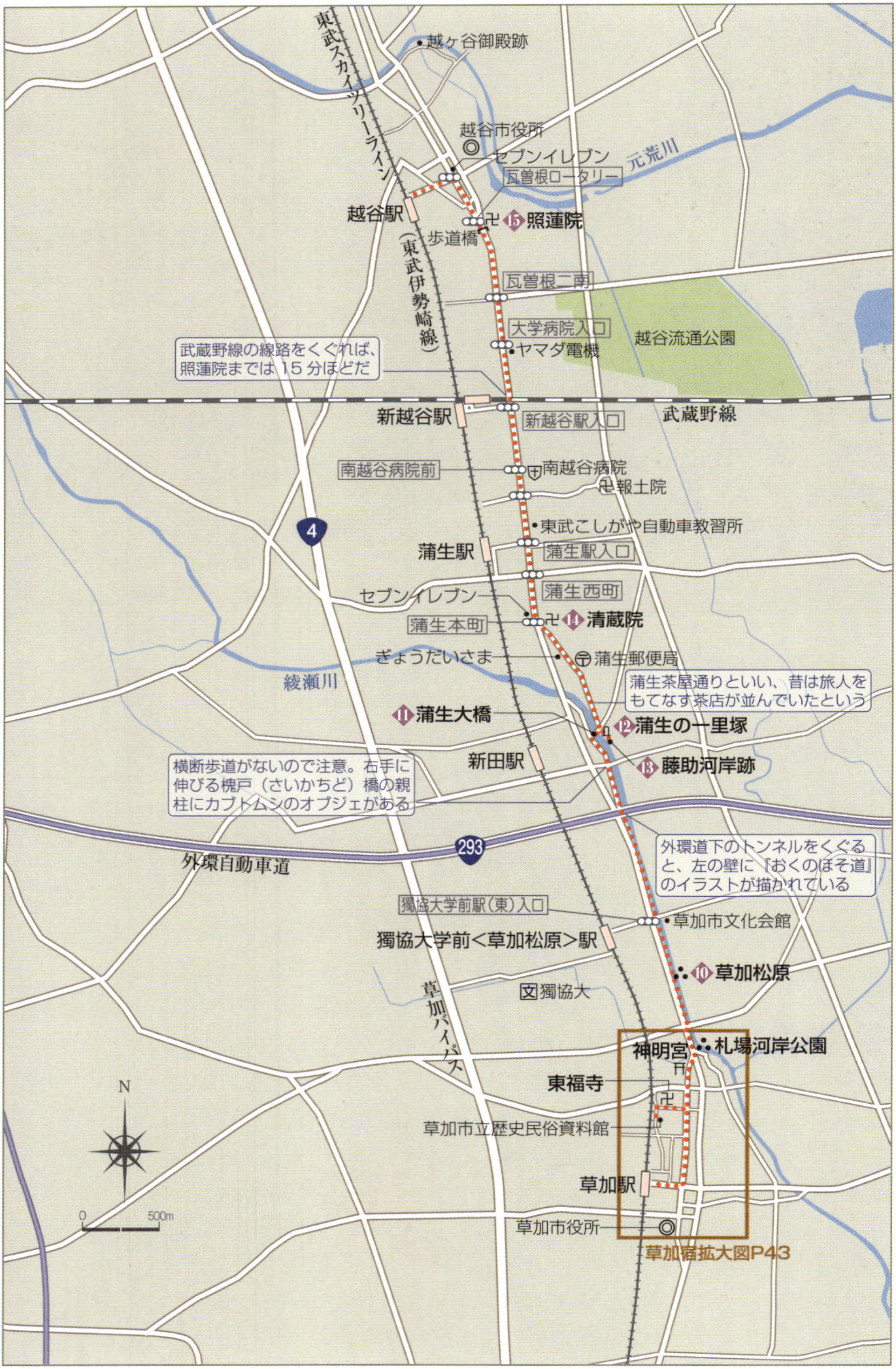

東武スカイツリーライン
（東武伊勢崎線）
越ヶ谷御殿跡
越谷市役所
セブンイレブン
瓦曽根ロータリー
元荒川
越谷駅
15 照蓮院
歩道橋
瓦曽根二南
大学病院入口
ヤマダ電機
越谷流通公園
武蔵野線の線路をくぐれば、照蓮院までは15分ほどだ
新越谷駅
新越谷駅入口
武蔵野線
南越谷病院前
南越谷病院
報土院
4
東武こしがや自動車教習所
蒲生駅
蒲生駅入口
蒲生西町
セブンイレブン
蒲生本町
14 清蔵院
ぎょうだいさま
蒲生郵便局
綾瀬川
蒲生茶屋通りといい、昔は旅人をもてなす茶店が並んでいたという
11 蒲生大橋
12 蒲生の一里塚
新田駅
13 藤助河岸跡
横断歩道がないので注意。右手に伸びる槐戸（さいかちど）橋の親柱にカブトムシのオブジェがある
293
外環自動車道
外環道下のトンネルをくぐると、左の壁に『おくのほそ道』のイラストが描かれている
獨協大学前駅（東）入口
草加市文化会館
獨協大学前＜草加松原＞駅
10 草加松原
草加バイパス
獨協大
神明宮
札場河岸公園
東福寺
草加市立歴史民俗資料館
草加駅
草加市役所
草加宿拡大図P43
N
0
500m

古い町屋が点在する宿場から松並木へ

徳川家康が奥州街道を定め、慶長7年（1602）に伝馬を義務づけた宿駅制度を設けた頃、千住─越谷間は草深く、沼地も多いため、東に大きく迂回していた。そこで、豪商たちと村民が幕府の許可を得て、2つの宿を直線でつなぐ新道を開き、宿場を作り上げた。地名の由来は定かではないが、天正元年（1573）には使われていたようだ。

草加駅東口のロータリーを進み、2つ目の交差点に出る。南北に走る通りに草加宿はあった。左に曲がり、八幡神社を過ぎると❶藤城家が見えてくる。2階建ての店舗の後に土蔵などが立つ、奥に長い造りになっている。草加は天明4年（1784）と明治3年（1870）に大火があったため、歴史ある建物が少なく、藤城家は宿場の面影を感じさせてくれる貴重な建物だ。

その先、250mほど歩くと、通りを挟んで大川本陣跡と清水本陣跡の石碑が向かい合っている。寛永7年（1630）に草加宿が開かれ、最初は大川家が、次に清水家が本陣を務めた。開宿当初は戸数84戸、旅籠5〜6軒と小規模だったが、天保14年（1843）には戸数723戸、旅籠67軒となる。宇都宮、古河などの城下町を除くと、千住、越谷、幸手に次ぐ、宿場に成長する。

❸草加市立歴史民俗資料館や大川図書の菩提寺・❹東福寺に寄り道しつつ、❺草加宿神明庵を過ぎると県道49号にぶつかる。交差点の右側に立つのは、松尾芭蕉の門弟・河合曽良像。先を行く❽札場河岸公園の松尾芭蕉像に何か話しかけるような仕草をしている。交差点の左側はおせん公園といい、「草加せんべい発祥の地」と刻んだ大きな石碑が立つ。交差点を渡ると❽札場河岸公園はすぐだ。ここからこのコースのクライマックスといえる❿草加松原が始まる。綾瀬川の西岸に634本の松が並び、国の名勝にもなっている。

江戸時代の俳人・松尾芭蕉は『おくのほそ道』で「その日やうやう早（草）加といふ宿にたどり着きにけり」と記しているので、草加松原を歩いたかもしれない。

外環自動車道をくぐり、綾瀬川に沿って10分ほど歩き⓫蒲生大橋を渡る。橋のたもとに⓬蒲生の一里塚、川下に少し行くと⓭藤助河岸跡がある。水辺に下りる石段と小屋の一部が再現され、舟運で賑わった当時の様子が想像できる。

ここからは⓮清蔵院を経て、県道49号に合流したら、一本道なので迷う心配はない。大きな本堂がひときわ目を引く⓯照蓮院を参拝して、ゴールの越谷駅を目指そう。

草加宿の典型的な
町屋景観を今に伝える

1 藤城家《ふじしろけ》

草加宿のほぼ中央に位置する商家。街道に面して木造2階建ての住宅店舗が立ち、奥には住居に組み込まれた土蔵造りの内蔵と明治初期の建築と伝わる外蔵が並ぶ。この3棟は国の登録有形文化財になっている。見学は店舗外観のみ。

埼玉県草加市高砂内

大川家の本陣跡の向かいに「清水本陣跡」石碑がある

葛西道との分岐に置かれた道標

かつての問屋場に明治44年（1911）に立てられた里程標

街道の西側に立つ「大川本陣跡」の石碑

「おせん茶屋公園」は茶店風の四阿（あずまや）が目印

草加の歴史や文化を学び
町歩きをより楽しく

③草加市立歴史民俗資料館《そうかしりつれきしみんぞくしりょうかん》

建物は大正15年（1926）に建てられた旧草加小学校西校舎。古文書、板碑、農具、神楽面などが展示される。日光街道の関連では会津藩が本陣滞在中に掲げた宿札、明治天皇行在所になった大川邸復元模型などが見られる。

9時～16時30分／月曜（祝日の場合は翌日）休／入館無料／埼玉県草加市住吉1-11-29／☎048-922-0402

上／草加宿本陣に残された宿札
下／建物は国の登録有形文化財

縁結びの神も祀る
小さな社の氏神

②氷川神社《ひかわじんじゃ》

素盞嗚尊を祀る古社。本殿前の祠には、江戸時代の悪人が自分の像を作り、道行く人々に踏ませて罪業消滅を願ったという「平内さん」も祀られている。踏み付けが文付けに転じ、いつしか縁結びの御利益があると信じられた。

埼玉県草加市住吉1-11内

上／小さな社を守る狛犬　下／昔は現在の「草加市立歴史民俗資料館」が立つ場所にあったが、明治42年（1909）頃に現在地へ遷った

草加宿の偉人
大川図書が眠る

④東福寺《とうふくじ》

真言宗智山派寺院。江戸の名工・島村円哲が刻んだ内外陣の彫刻が残る本堂と山門、鐘楼堂は江戸後期のもので市の指定有形文化財。境内には大川図書の墓、落ち葉を拾うと良いことがあるという三鈷の松がある。

埼玉県草加市神明1-3-43

上／文政7年（1824）再建の本堂は市内最大
右／この寺の開創にも尽力した大川図書の墓

芭蕉と『おくのほそ道』を旅した河合曽良の銅像

おせん公園に立つ草加せんべい発祥の地碑。せんべいに見立てた丸い岩に文字を刻んである

地元ボランティアが迎える
草加宿の無料休憩所

❺ 草加宿神明庵《そうかしゅくしんめいあん》

安政年間（1854〜1860）の建築とされる旧久野家の店舗を再利用した無料の休憩所。昔の屋号は「大津屋」で飲食店を営み、宿泊所も兼ねていた。気さくな地元ボランティアが常駐し、観光案内や湯茶によるもてなしを行っている。

11時〜16時／月曜（祝日の場合は翌日）休／
埼玉県草加市神明1-6-14／☎048-948-6882

上／草加宿歩きの拠点となる施設。気軽に立ち寄ってみよう
右／1階のお休み処
左／2階はギャラリーで、さまざまな作品を展示

草加宿の移り変わりを
見守ってきた鎮守さま

❻ 神明宮《しんめいぐう》

正徳3年（1713）に村人の要望により、名主宅に祀られていた御神体を現在地に遷し、草加宿の総鎮守として崇敬された。その後、鎮守の分離があり、旧草加町4〜6丁目の鎮守に。毎年9月の大祭では神輿渡御があり、独特な担ぎ方の「草加もみ」が見られる。

埼玉県草加市神明1-6

社殿は弘化4年（1847）に再建されたもの

明治の横黒煉瓦で造られた
貴重な農業土木遺産

❼ 甚左衛門堰《じんざえもんせき》

水田への農業用水を調節するために設けた水門。土地の素封家・野口甚左衛門が造ったことから、その名前がついた。明治27年（1894）に、木製から現在の煉瓦造り2連アーチ型に改められ、昭和58年（1983）まで使用された。県指定文化財。

3万2500個の横黒煉瓦が使われている

草加松原の魅力を伝える
新たな情報発信基地

⑨ 草加宿芭蕉庵《そうかしゅくばしょうあん》

札場河岸公園内の観光案内所。望楼の下にある休憩舎を整備して、平成30年4月にオープンした。地元ボランティアによる観光案内やパンフレット配布のほか、草加せんべい、注染手ぬぐい、皮革製品など地場産品の販売も行っている。

10時30分～15時30分／月曜（祝日の場合は翌日）休／埼玉県草加市神明2／☎048・934・9133

緋毛氈、和傘の縁台が街道風情を高める

上／望楼の公開は9時～17時　左／見返りの旅姿をした松尾芭蕉像

舟運で賑わった
河岸の面影を今に再現

⑧ 札場河岸公園《ふだばかしこうえん》

綾瀬川を行き来する舟の荷物を積み卸しした札場河岸の跡地。埼玉県産のスギとヒノキで造られた五角形の望楼は高さ12mほど。塔内のらせん階段を上り詰めると、綾瀬川や松並木が一望できる。川沿いに桜並木もあり、開花期はライトアップが行われる。

『おくのほそ道』の冒頭句から命名された百代橋(ひゃくたいばし)

強い風や日差しから旅人を守ってきた松並木

江戸の原風景が残る
日光街道の名所

⑩ 草加松原《そうかまつばら》

札場河岸公園から北へ約1.5km続く松並木。一説では天和3年（1683）の綾瀬川改修時に植樹したのが始まりとされている。昭和40年代に著しく減少したが、現在は634本まで回復した。

橋の解説板には、俳人・高浜虚子が詠んだ「舟遊び 綾瀬の月を 領しけり」の句も記される

江戸の絵図にも記された
綾瀬川の歴史ある橋

⑪ 蒲生大橋《がもうおおはし》

綾瀬川に架かる橋で草加市と越谷市の境にある。橋のたもとの解説板によると、『日光道中分間延絵図』には大橋土橋と記され、長さ12間4尺、幅2間1尺あったという。大正7年（1918）に木橋、昭和51年（1976）に鉄とコンクリート造りの橋となった。

昭和初期まで舟運の発着場として活躍した

遠くからも分かる
ケヤキの巨樹が目印

⑫ 蒲生の一里塚《がもうのいちりづか》

埼玉県内の日光街道に現存する唯一の一里塚。かつては街道の両側にあったが、現在は東側のみが残る。小さな塚に愛宕社が鎮座し、周りにはムクエノキ、ケヤキ、松などが生い茂り、涼やかな木陰をつくっている。

旅人の目安であり、休憩所となった一里塚

埼玉東部と江戸を結んだ
綾瀬川舟運の発着場

⑬ 藤助河岸跡《とうすけかしあと》

江戸時代中期に設けられた河岸の1つで、石段と荷物の積み卸し小屋の一部が再現されている。江戸時代は年貢米、明治以降は粕壁、越谷、岩槻などの特産物が荷車で運ばれ、船に積み替えて東京に運ばれた。

旅人がわらじを供え、旅の安全を祈願した「ぎょうだいさま」

蒲生駅近くの報土院にはほほえましい表情と仕草を見せる羅漢像がある

江戸初期に建てられた貴重な山門が必見

14 清蔵院《せいぞういん》

天文3年(1534)に開かれた真言宗智山派の寺。十一面観音像を本尊とする。山門の欄間には名工・左甚五郎が刻んだとされる龍の彫刻があり、夜になると抜け出して周囲の田畑を荒らしたことから金網で囲ったと伝わる。

埼玉県越谷市蒲生本町13-41

上／今も金網で囲まれている龍の彫刻
下／緑豊かな境内に立つ本堂

上／瓦屋根の山門
中／ひっそりと墓地に祀られた千徳丸供養塔
下／宗派は真言宗智山派。巨大な本堂が印象的だ

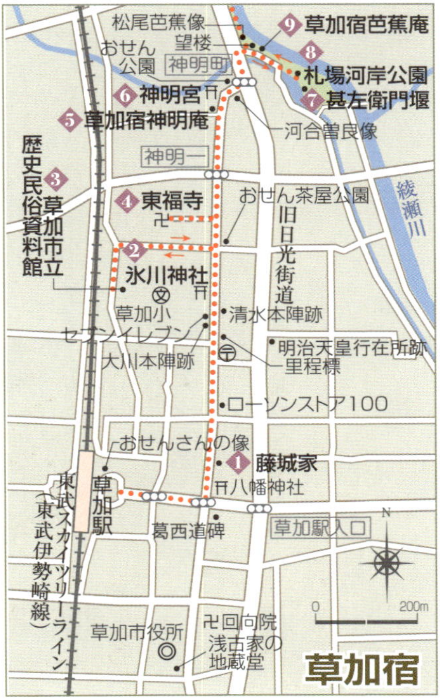

戦国時代の悲しい語り伝えが残る

15 照蓮院《しょうれんいん》

創立年代は不詳ながら甲斐武田氏にまつわる旧跡が残る。武田家滅亡後、勝頼の遺児・千徳丸は家臣秋山長慶に伴われ、この地に隠れ住んだが、ほどなく他界。悲しんだ長慶はこの寺の住職になり、後年供養塔を立てたという。

埼玉県越谷市瓦曽根1-5-43

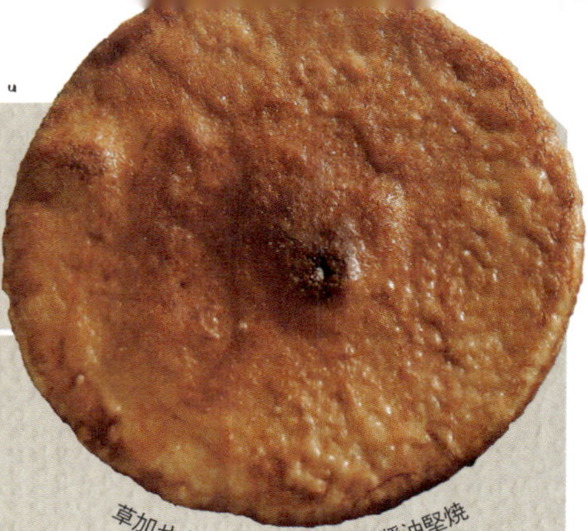

草加せんべいの定番である醤油堅焼

❖草加せんべい

食欲をそそる醤油の香りと堅焼きならではの
バリッとした食感で人気の草加せんべい。
和菓子の一大ブランドにも成長した
名品の始まりとは……

草加駅東口ロータリーにあるおせんさんの像

草加せんべいの始まりとしては、おせん物語が最もよく知られている。おせんは草加宿で茶屋を営む女店主。ある日、団子が大量に売れ残り、途方に暮れていた。すると、身なりの良い武士が通りかかり、「団子を平らに潰して天日で乾かし、焼き餅として売ってはどうか」と教えられる。さっそく、おせんが焼き餅を売り出すと、たちまち大評判になり、草加宿の名物になったという。

この物語は、実は昭和に創作されたもので、古くから草加の農家では余った米を団子状にして乾燥し保存していた。当然、草加宿が整い茶店が出るとこの保存食も売られたに違いない。味付けは塩味から始まり、幕末に醤油が普及すると焼き上がったせんべいの表面に塗ったので醤油味になる。

本格的な地場産業となるのは大正時代から。川越で行われた特別大演習で大正天皇に草加せんべいが献上され、一躍知名度が上がる。現在、草加市内には製造所や販売店が50軒以上あり、旧日光街道周辺にも10軒ほどの店がある。

本場の草加せんべいとして認定されるには、生地に関東近県産うるち米を100%使用し、最低10年の経験を持つ職人が製造・管理するなどの条件がある。条件を満たした商品には「本場の本物」マークが表示されているので、ひとつの目安になる。

プクッと膨れた生地を押し瓦で上から押す

草加せんべいの製造方法で、大きな特徴といえるのが焼きに使う押し瓦だ。乾燥した生地を焼き網に乗せると、生地に気泡ができ反り返る。その生地を押し瓦と呼ばれる器具で、ギュッと上から押さえて平らにする。手焼きはもちろん、機械焼きでも、この焼き方は変わらず、認定条件のひとつになっている。

旧日光街道のせんべい店では、生地を天日干しにしていたり、手焼き作業を見たりできる。「焼きたてが欲しい」と気軽に声をかければ1枚から販売してもらえるし、店舗によっては手焼き体験も行っている。焼きたては醤油の香りがより際立ち、温かい生地の甘みも増す。これぞ、産地ならではの楽しみだろう。

醤油味のほか、ゴマ、ザラメ、海苔、青海苔、味噌、唐辛子、ニンニク、エビなど、さまざまな味がある。草加宿を歩くならば、ぜひ味わいたいところだ。

焼き作業の様子。押し瓦で生地を押し形を整える

Course No. 4

越ヶ谷▼粕壁

土蔵や商家の再生が進む越ヶ谷宿を巡る

歩行距離 約15.7km

約3時間55分

歩数 約2万1000歩

Start 越谷駅
東武スカイツリーライン

▼

2 小泉家

▼

6 越ヶ谷御殿跡

▼

9 大沢香取神社

▼

10 宮内庁埼玉鴨場

▼

12 林西寺

▼

15 東陽寺

▼

Goal 春日部駅
東武スカイツリーライン
東武野田線

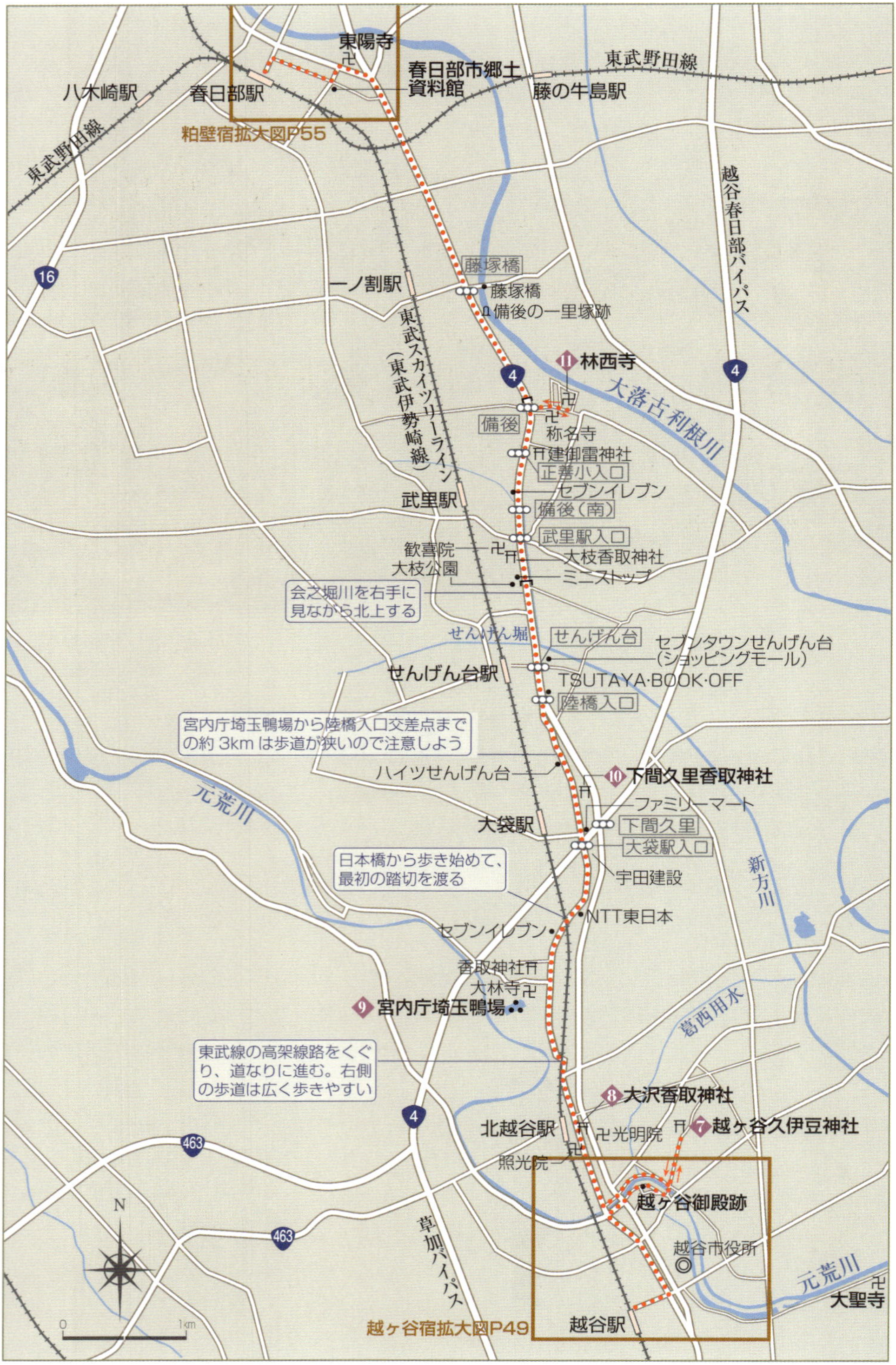

東陽寺
春日部市郷土資料館
東武野田線
八木崎駅
春日部駅
藤の牛島駅
粕壁宿拡大図P55
東武野田線
越谷春日部バイパス
16
藤塚橋
一ノ割駅
藤塚橋
備後の一里塚跡
東武スカイツリーライン（東武伊勢崎線）
11 林西寺
4
4
大落古利根川
備後
称名寺
建御雷神社
正善小入口
セブンイレブン
武里駅
備後（南）
武里駅入口
歓喜院
大枝香取神社
大枝公園
ミニストップ
会之堀川を右手に見ながら北上する
せんげん堀
せんげん台
セブンタウンせんげん台（ショッピングモール）
せんげん台駅
TSUTAYA·BOOK·OFF
陸橋入口
宮内庁埼玉鴨場から陸橋入口交差点までの約 3km は歩道が狭いので注意しよう
ハイツせんげん台
10 下間久里香取神社
元荒川
ファミリーマート
大袋駅
下間久里
大袋駅入口
宇田建設
日本橋から歩き始めて、最初の踏切を渡る
新方川
NTT東日本
セブンイレブン
香取神社
大林寺
9 宮内庁埼玉鴨場
葛西用水
東武線の高架線路をくぐり、道なりに進む。右側の歩道は広く歩きやすい
8 大沢香取神社
4
北越谷駅
光明院
7 越ヶ谷久伊豆神社
463
照光院
越ヶ谷御殿跡
N
463
草加バイパス
越谷市役所
元荒川
大聖寺
0
1km
越ヶ谷宿拡大図P49
越谷駅

蔵の町から旧道歩き途中に珍しい鴨場も

越ヶ谷宿は慶長7年（1602）から奥州街道に伝馬制が敷かれると、早々に宿場となった。当初は元荒川南岸に造成された本町、中町、新町の三町で構成されたが、後に助郷《すけごう》だった北岸の大沢町も含まれた。天保14年（1843）の総家数は1005軒。本陣や脇本陣のほか、52軒の旅籠があったというから、なかなかの賑わいだ。

越谷駅東口を出て、2つ目の信号を左折。ピンク色の洋館が目を引く横田診療所を過ぎると、週末にカフェを営む❶油長内蔵、黒漆喰の重厚な❷小泉家、国登録有形文化財の❸木下半助商店など、宿場の歴史を語る建物が続く。

越谷は明治7年（1874）に「川越の大火」に次ぐ大規模な針屋火事、明治32年（1899）に芋金火事と2度の大火があり、多くの歴史ある建物を焼失している。現存する趣のある建物を見ると何やら火事が恨めしくなる。

❹中町浅間神社を経て、立ち寄った❺はかり屋は、明治38年（1905）築の商家を活用した複合施設。レストラン、ショップ、ギャラリーなどがあり地元の方や観光客で賑わっている。前述の油長内蔵といい、越谷では〝古い蔵を生きた蔵〟に再生し、町を活性化させる取り組みが盛んなようだ。

元荒川に架かる大沢橋（大橋）に出たら右へ進み、県道49号を渡る。川沿いの道を行くと❻越ヶ谷御殿跡の碑に着く。徳川家康、2代秀忠が鷹狩りの際に宿泊した御殿があったところで、近くには建長元年の板碑も立つ。

その先の宮前橋で元荒川を渡ると❼越ヶ谷久伊豆神社と天嶽寺《てんがくじ》の参道入口がある。両社寺を詣でたら、大沢橋に向かって元荒川沿いを歩く。右側に見える水路は葛西用水（逆川）で、元荒川の下をくぐり抜けて、草加や足立区の水田へ灌漑用水を運んでいく。

大沢橋に出たら右へ。ここから東武線の線路をくぐるまで、狭い歩道を歩く。❽大沢香取神社、❾宮内庁埼玉鴨場、❿下間久里香取神社とつなぎ、国道4号に合流。

せんげん台駅の先、新方川を渡ると⓫林西寺までは約35分国道歩きが続く。沿道のコンビニや飲食店などを上手に活用して休憩しよう。地図ではこのあたりから大落古利根川が近づくが、実際には見られない。唯一のビューポイントは藤塚橋で、藤塚橋交差点を右折すると正面に橋が見える。

藤塚橋から20分ほど歩き、東武野田線の線路をくぐる。その先、⓬粕壁八坂神社を過ぎればいよいよ粕壁宿だ。春日部駅までは、⓭東八幡神社、⓮東陽寺、⓯春日部市郷土資料館と見どころが続き、最後まで飽きさせない。

蔵の移動には小学3年生100人も参加し、
綱を引いて移動させた

現役の横田診療所。
洋風の建物は昭和初期の建築

週末にオープンする
蔵カフェでひと休み

1 油長内蔵《あぶらちょううちくら》

江戸時代末期の内蔵を曳家（ひきや）工法で移動し、天井や梁などの構造材はそのままに改修した。普段は「まちづくり相談処」だが、金・土・日曜は「まち蔵カフェ」として、地域の人々や観光客の憩いの場に。

10時〜17時（金・土・日曜にまち蔵カフェ営業）／不定休／埼玉県越谷市越ケ谷3-2-19-5／☎080-9558-5821

大火の教訓を活かした
防火塀と黒漆喰の蔵

2 小泉家《こいずみけ》

小泉家は先祖が漆を扱っていたことから、地元では塗師市（ぬしいち）と呼ばれる。越ヶ谷宿で現存する古い建物では唯一、店舗と蔵が横に並ぶ。蔵は明治8年（1875）築で、明治32年（1899）の大火にも耐えた。店舗は大火後の再建だ。

埼玉県越谷市中町10

店舗には大火の教訓から漆喰の戸などの防火対策が施された

蔵造りの店舗で日用雑貨を販売する鍛冶忠商店

雨水を溜めておく石造りの天水桶に「小泉」の名前が見られる

新緑が美しい大ケヤキ。秋は黄色に色づく

社殿と大ケヤキの組み合わせが絵になる

4 中町浅間神社《なかまちせんげんじんじゃ》

富士山と大日如来の形を打ち出した懸仏(かけぼとけ)に応永32年(1425)の銘があることから室町時代の創建と考えられる。境内のケヤキは推定樹齢約600年で、越谷市内のケヤキでは一番大きいという。

埼玉県越谷市中町7

昔ながらの商家に金物が所狭しと並ぶ

3 木下半助商店《きのしたはんすけしょうてん》

木下家は江戸時代から越ヶ谷宿で商いを始め、明治時代には金物屋になった。明治32年(1899)の大火後、帳場の雰囲気を残す店舗、黒漆喰の土蔵、石蔵などを整えた耐火建築となる。趣のある建物は、ドラマなどの撮影にも使われる。

埼玉県越谷市中町7-20

工具から鍋、釜まで揃える現役の金物屋だ

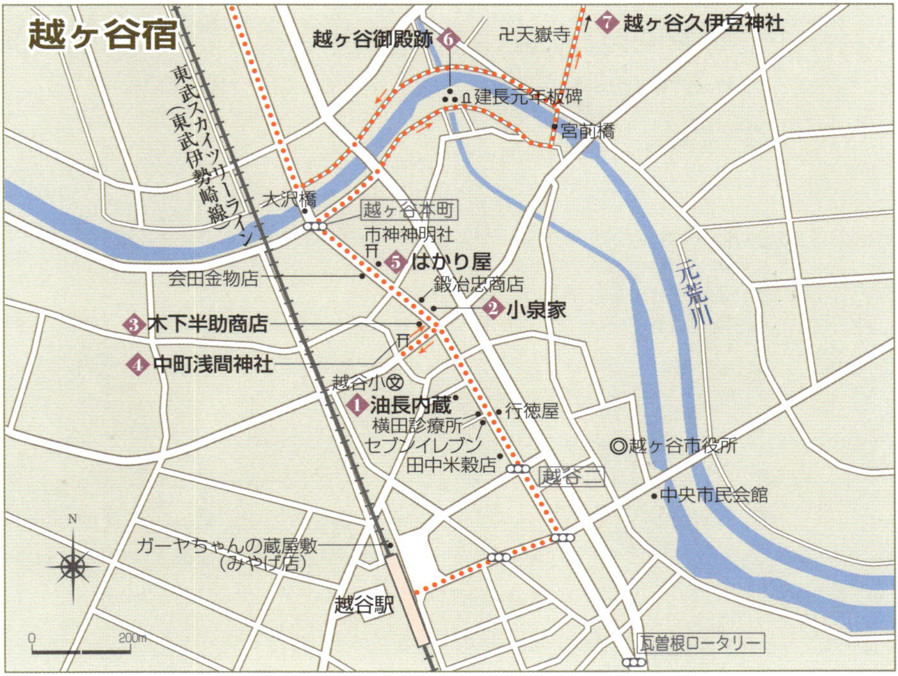

明治の建物を改修し店舗として活用している。平成30年4月にオープン。写真右は土蔵、左は奥座敷の回廊

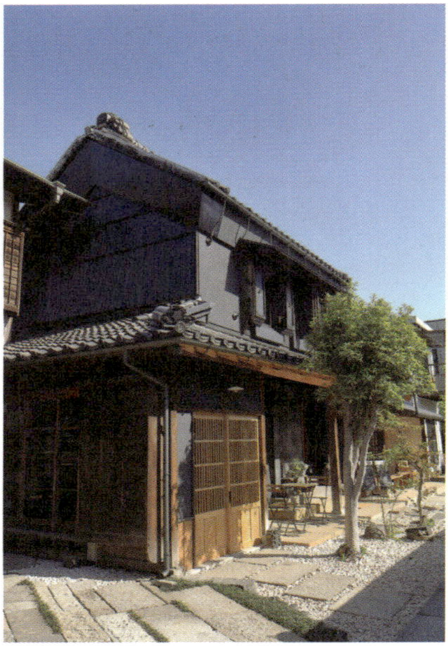

越ヶ谷宿の新名所誕生！
商家が複合施設にリニューアル

5 はかり屋《はかりや》

秤（はかり）商の大野家が明治38年（1905）に建てた邸宅を活用。通りに面した店はギャラリーショップ、母屋はフレンチレストランと2階にリラクゼーションサロン、土蔵はフランスのパイ「キッシュ」のカフェ、別棟納屋はギャラリーに利用されている。

10時～22時（店舗により異なる）／休は店舗により異なる／埼玉県越谷市越ヶ谷本町8-8／☎なし

はかり屋の近くに立つ市神神明社

建長元年の板碑は高さ155cm、幅56cmあり、市内でもっとも大きい

徳川家康・秀忠が
鷹狩りで訪れた

6 越ヶ谷御殿跡《こしがやごてんあと》

徳川家康が慶長9年（1604）に立てた御殿跡。家康は越ヶ谷での鷹狩りが好きで、この御殿が休憩・宿泊所となった。2代秀忠は1カ月も滞在している。明暦3年（1657）の大火後、御殿は仮の居城として江戸城内に移された。

現在、御殿の面影を偲ぶものはないが、「御殿町」という町名にその名残がある

昭和39年（1964）に完成した拝殿の奥には江戸時代の本殿が立つ

徳川家が特別に許した立葵の紋を神門にする

7 越ヶ谷久伊豆神社

こしがやひさいずじんじゃ

国造りの神・大国主命（オオクニヌシノミコト）と、えびす様の言代主命（コトシロヌシノミコト）を主祭神とする越ヶ谷郷の総鎮守。平安時代中期からは武家にも篤く信仰され、2代将軍の徳川秀忠、3代家光も訪れている。

埼玉県越谷市越ヶ谷1700

長い参道の脇で、大きな池と樹齢２３０余年の藤が参拝者を出迎える

右／第三鳥居近くに立つ庚申塔
左／宮前橋から約500m続く石畳の参道

天嶽寺と越ヶ谷久伊豆神社の参道前に架かる宮前橋。昔は木造橋で「寺橋」と呼ばれた

下／撫でると子宝に恵まれ、安産が叶うと信じられる安産の石　右／彫刻は浅草の彫刻師・長谷川竹次郎の作品

旅人の目も楽しませた
本殿の彫刻は必見

8 大沢香取神社《おおさわかとりじんじゃ》

室町時代の創建と伝わる鷺後（さぎしろ）香取神社から、寛永年間（1624～1645）に勧請した。慶応2年（1866）に再建した本殿壁面の彫刻には、この地で盛んだった紺屋（染め物）作業を描いたものもある。

埼玉県越谷市大沢3-13-38

日光街道を歩く現代の旅人も参拝していく

特別な見学会を除き、場内は非公開になっている

古来の鴨猟を引き継ぎ
国内外の賓客に披露

9 宮内庁埼玉鴨場《くないちょうさいたまかもば》

国内に2カ所ある宮内庁の鴨場の1つ。埼玉鴨場は東京ドーム2.5個分の広さで、中央に元溜（池）がある。訓練されたアヒルを使い、野生の鴨を水路に追い込んで、叉手網（さであみ）で捕まえる古来の鴨猟が守られ、国内外の賓客に披露される。

江戸から8番目となる備後の一里塚跡

普段は静かな境内も祭りの日は人で埋まる

下間久里の獅子舞は
初夏の風物詩

⑩下間久里香取神社《しもまくりかとりじんじゃ》

毎年7月に文禄3年(1594)から始まったと伝わる「下間久里の獅子舞」が奉納される。舞の後、太夫、獅子、笛吹きなど総勢30人ほどが地区内約120軒の家々を周り、家内安全、無病息災を祈る舞が行われる。

埼玉県越谷市下間久里1226

ひと足延ばして ここもチェック!

❖大聖寺《だいしょうじ》

越谷駅からバスで10分ほど。元荒川沿いに大聖寺はある。天平勝宝2年(750)、東大寺の開山で知られる良弁(ろうべん)僧正が1本の木から2つの不動明王を刻み、1体を相模国(現神奈川県)の大山に、もう1体をこの地で祀ったのが始まりという。

天正18年(1590)、関東に入国した徳川家康は、民情視察を兼ねてよく鷹狩りに出かけた。越ヶ谷にもよく足を運び、この寺に何度も宿泊した。「大聖寺」の寺号は家康が命名したもので、宿泊接待の礼に自分の夜具(寝着)も贈っている。生地は絹で、菊を配し、徳川の紋、三つ葉葵が入っている。

現物は非公開だが、宝物殿には実物大の写真が展示されている。このほか、家康が使用したと伝わる湯飲み茶碗、元亀3年(1572)に岩槻城主・北条氏繁が発した掟書なども見られる。宝物殿の見学は予約制なので、事前連絡を忘れずに。

埼玉県越谷市相模町6-442／
☎048-986-4640

徳川家康の夜具。12年に一度の本尊開帳など特別な日に公開されるが、次回は未定になっている

江戸時代から大切に守られた山門。「真大山(しんたいさん)」の扁額は老中松平定信の筆と伝わる

本堂の軒下には七福神の彫刻が見られる

子育て呑龍上人が
仏門に入った寺

⑪ 林西寺《りんさいじ》

嘉暦年間(1326～1329)の開山と伝わる浄土宗の寺。近くの一ノ割村に生まれた呑龍上人は14歳の時にこの寺で出家し、その後、江戸の増上寺で修行した。貧しい家の子どもを弟子として多数育てたことから子育て呑龍と称された。

埼玉県越谷市平方249

昭和8年(1933)架橋の藤塚橋。当時は有料だった

上／参道に立つ地蔵菩薩と庚申塔　下／山門からも格式の高さがわかる

歴代の徳川将軍が交付した朱印状が残る

粕壁宿の目印となる
新しい社殿の市神様

⑫ 粕壁八坂神社《かすかべやさかじんじゃ》

粕壁宿の入口に立つ。月に6度、4と9の日に開かれた六斎市が由来となる「市神様」、祭神の午頭天王から「天王様」とも呼ばれる。毎年7月に神輿渡御や山車・屋台巡行が行われる「春日部夏まつり」は元来この神社の祭礼だった。

埼玉県春日部市粕壁東4-1-18

平成23年に改築された新しい社殿

地域の人々が信仰する
下の八幡様

⑬東八幡神社

ひがしはちまんじんじゃ

語り伝えによると、京都の石清水八幡宮から勧請し、氏神として祀ったのが始まりとされる。緑豊かな境内に社殿が立ち、本殿には見事な彫刻が見られる。2年ごとの秋の例大祭では大神輿と獅子頭が町中を巡行する。

埼玉県春日部市粕壁東2-16-57

右／境内には樹齢約６００年の大イチョウが立つ
左／地元に愛される神社で、この日は初参りの親子がいた

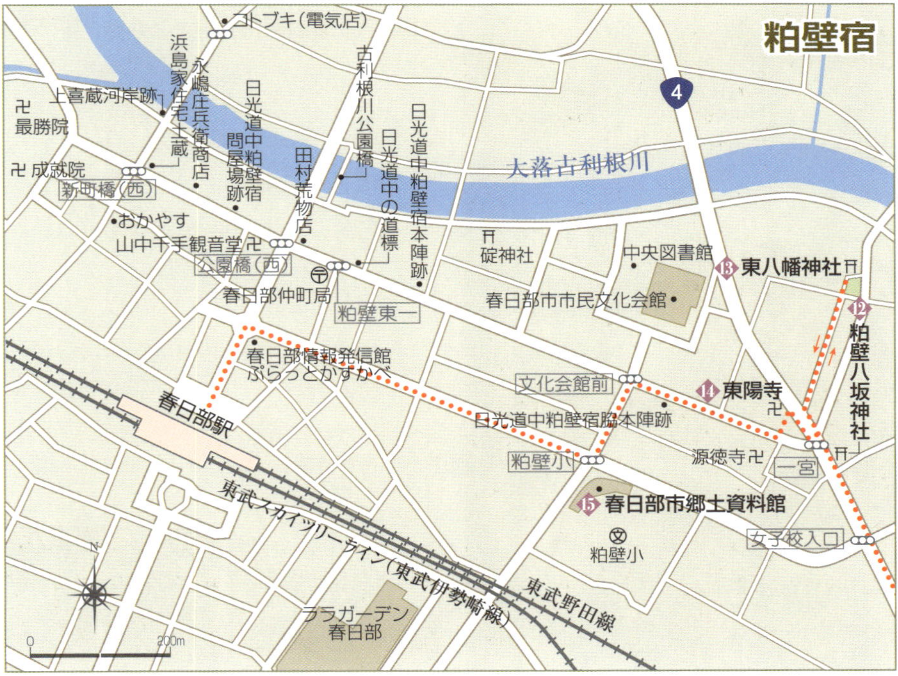

本堂の階段脇に立つ曽良日記の石碑

寺は国道4号と旧道の分岐点にある

芭蕉の宿泊地と伝わる曹洞宗の寺

⑭東陽寺《とうようじ》

「廿七日夜、カスカへニ泊ル、江戸ヨリ九里余」と河合曽良が『随行日記』に記したように、芭蕉たちは粕壁宿で1泊した。宿泊地は諸説あるが、この寺に泊まったという説もあり、境内に前述の一文を記した石碑が立つ。

埼玉県春日部市粕壁東2-12-20

昔の玄関口となる旧道沿いに山門がある

下右／縄文時代中期の竪穴式住居を再現。　下中／資料館は粕壁小交差点の角に立つ教育センター内にある　下／正確で緻密なジオラマで再現しているので宿場の様子がよくわかる

精巧な模型を通じて宿場の造りを学べる

⑮春日部市郷土資料館《かすかべしきょうどしりょうかん》

春日部市の後期旧石器時代から近現代までの歴史を紹介する。江戸時代末期を想定した200分の1スケールの「粕壁宿推定模型」は完成度が高く、当時の様子を知ることができる。街道を歩きをより楽しむために立ち寄りたい。

9時～16時45分／月曜（祝日の場合は翌日も）・祝日休／入館無料／埼玉県春日部市粕壁東3-2-15／☎048-763-2455

Course No. 5

粕壁 ▼ 杉戸

地名の由来も楽しい水陸の要となった宿場

歩行距離 約10.5km

約2時間40分

歩数 約1万4000歩

Start 春日部駅
東武スカイツリーライン
東武野田線

▼

1 碇神社

▼

3 最勝院

▼

6 小淵山観音院

▼

7 九品寺

▼

9 杉戸宿高札場

▼

10 近津神社

▼

Goal 東武動物公園駅
東武スカイツリーライン

東武日光線
宝性院
明治天皇小休所阯
10 近津神社
愛宕神社前
9 杉戸宿高札場
関口酒造
古川橋
8 来迎院
清地二
杉戸町役場
東武動物公園駅
清地橋
4
三本木の一里塚跡
杉戸警察署
倉松川
清地二交差点近くの民家の屋根に注目。鍾馗さまの焼き物が乗っている
堤根
東武スカイツリーライン（東武伊勢崎線）
馬頭院観音寺
堤根（中）
ローソン
堤根（南）
瓦屋根のどっしりとした古い民家が点在する
山田うどん
7 九品寺
昭和シェルを過ぎたら二股道を左へ進む
昭和シェル
ENEOS
本郷（北）
ローソン
本郷
出光
小渕交差点から約1.5㎞。ここまでくれば九品寺までは10分ほどだ
姫宮駅
北緯36度モニュメント
大落古利根川
岡田果樹園
浄春院
小渕小入口
小渕小
ファミリーマート
小渕（北）
6 小淵山観音院
梅原病院
16
小渕
北春日部駅
交番
日光道標
小渕の一里塚跡
5 春日部八幡神社
公園橋（西）
4
春日部駅
八木崎駅
東武野田線
16
N
0
500m
粕壁宿拡大図P64

適度な寄り道で国道歩きも楽しく

粕壁と春日部。このコースを歩くと、ふたつの「かすかべ」を目にする。漢字の歴史は春日部が古い。というのも、地名の由来に1400年以上前、この地に安閑天皇《あんかんてんのう》皇后・春日山田皇女《かすがやまだのひめみこ》の部民（私有民）が居たためとする説があるのだ。後の平安時代には春日部姓を名乗る武将も現れる。

一方、粕壁は江戸時代中期から多く使われる。宿場内の造り酒屋の「酒粕」と、建物の「荒壁」から「粕壁」の表記が生まれたというが、真相は定かではない。明治には町名が粕壁町、昭和には粕壁町と内牧村が合併して春日部町となり、粕壁の表記は字名で残る。

春日部駅東口から直進して公園橋西交差点に出る。左右に伸びるかすかべ大通りが旧日光街道だ。最短コースなら左折だが、かすかべ大通りを通過して古利根公園橋の手前を右に曲がる。粕壁宿は大落《おおおとし》古利根川の舟運も盛んだったところで、橋のたもとに河岸（船着場）を再現した石段もある。

❶碇神社を詣でて、かすかべ大通りを歩く。電線を地中化して、スッキリした印象の通りに、❷山中千手観音堂をはじめ、白壁の商家、永嶋庄兵衛商店、浜島家住宅土蔵など、蔵造りの商家が現代の町並みに溶け込んでいる。天保14年（1843）の記録によると、粕壁宿は南北約1・1kmに本陣と脇本陣が各1軒、旅籠は45軒あったと記される。通りの突き当たりは寺町で、❸最勝院、❹成就院、ひと足のばすと❺春日部八幡神社がある。最勝院は本堂の左奥に南北朝時代の武将・春日部重行の墓と伝わる塚があるので、見逃さないように。

新町橋で大落古利根川を渡り、最初のY字路を左へ。15分ほど歩くと木造の仁王門が目印となる❻小渕山観音院に着く。江戸時代前期の修験僧で仏師の円空が刻んだ木彫りの仏像7体を所蔵し、毎年5月3日～5日にご開帳する。

この先は、しばらく国道4号を歩く。沿道に飲食店や工場が続く単調な風景だが、脇道に入ると水田や果樹畑が見える。脇道にある、❼九品寺を参拝し、立派な門構えの民家や、軒下に農具を置いた蔵などを横目に歩き、国道に戻る。

10分ほど歩いて、堤根交差点の分岐を左に入り、杉戸町役場を過ぎる。関口酒造（P66参照）、❽来迎院などの見どころに加え、平成28年には❾杉戸宿高札場という新名所も誕生した。復元ということもあり、真新しい印象だが、宿場ムードを高めるにはうってつけだ。

少し先の和菓子店「いのうえ」を過ぎるとそこから先が杉戸宿だ。

天保5年（1834）に立てられた日光道中の道標。日光、岩槻、江戸を示す

イヌグスはタブノキのこと。この地が生育の北限と言われる

神社の少し上流に下喜蔵（しもきぞう）河岸があった

舟運の船頭から
河岸の目印にされた

❶碇神社《いかりじんじゃ》

江戸時代の名主・多田家の屋敷稲荷が始まり。祠の脇に生えるのが「碇神社のイヌグス」で樹齢約600年を数える。昭和54年（1979）までは約12mの大木で、船頭の目印だった。

埼玉県春日部市粕壁東2-2

古利根公園橋のたもとに河岸を思わす石段がある

大正時代までは縁日に多くの人が集まった

粕壁宿の人情の厚さが
よくわかる小さな堂宇

❷山中千手観音堂《やまなかせんじゅかんのんどう》

粕壁宿の米問屋が江戸時代の俳諧師・眠牛（みんぎゅう）のために建立した観音堂が起源。眠牛は千手観音像を祀り、この地で一生を終える。死後、人々は彼の菩提を弔い、千手観音像も信仰した。

埼玉県春日部市粕壁1-5

フルーツ店「おかやす」に隣接する
大谷石の2階建て倉庫

19代続く米穀問屋の永嶋庄兵衛商店。問屋場跡の近くに立つ

国登録有形文化財に指定される浜島家の土蔵

境内では正面金剛（庚申塔）や地蔵尊などの石仏も見られる

左／かつては本堂の前で大相撲やサーカスが行われたこともある　右／春日部重行の墓と伝わる塚には樹齢数百年のシイノキが茂る　下／かすかべ大通りに面して山門が立つ

徳川家との縁も深い
春日部を代表する名刹

③最勝院《さいしょういん》

南北朝時代に春日部を治めた武将・春日部重行の墓とされる塚がある。3代将軍徳川家光以降、9通の朱印状が発行され、家光の遺骸が日光山へ運ばれる際に立ち寄ったという。

埼玉県春日部市粕壁3-9-20

躍動感ある仁王像が睨みを利かせる仁王門

粕壁宿の発展に貢献した偉人が眠る

4 成就院《じょうじゅいん》

真言宗智山派の寺で、正しくは愛宕山成就院大日寺。本堂裏の墓地に粕壁宿の宿役人を務めた見川喜蔵の墓がある。見川は窮民救済に尽力した人物で飢饉が起こると粥を施し、寛政3年（1791）に古利根川が決壊すると自費で堤防を強化した。

埼玉県春日部市粕壁3-9-28

右／見川喜蔵の墓（右）と見川家代々の墓である五輪塔
左／本堂には大日如来が祀られる

約700年前に創建した春日部の総鎮守

5 春日部八幡神社《かすかべはちまんじんじゃ》

元弘年間（1331～1334）に武将の春日部重行が崇敬する鎌倉・鶴岡八幡宮の遙拝所として建立したと伝わる。参道入口には平安時代の歌人・在原業平（ありわらのなりひら）が奥州を旅した時にこの辺りで詠んだ都鳥の歌の記念碑が立っている。

埼玉県春日部市粕壁5597

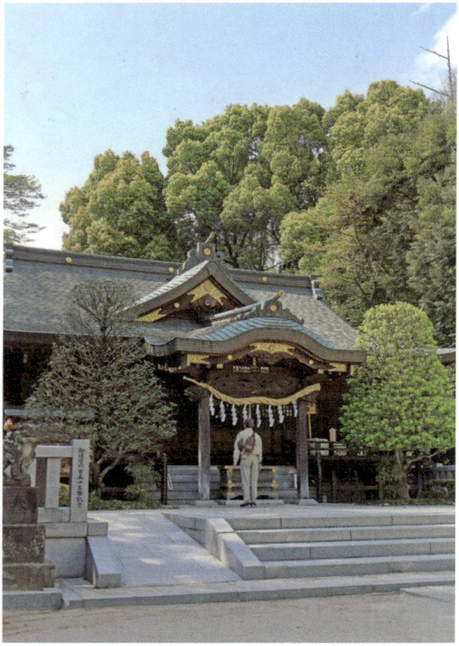

右／応神天皇ほか四柱を祀る
左／御神木の大イチョウは鶴岡八幡宮の御神木の一枝が飛ばされ、一夜で大木になったと伝わる

マンションの駐車場に残る上喜蔵河岸の石垣

小淵の一里塚跡。日本橋から9番目の一里塚があった

上／元禄2年(1689)建立と伝わる仁王門。昔は2階に釣り鐘があった　下／本堂の軒下で仁王が参詣者を見守る

関宿往還の追分に立つ。大きい方に青面金剛と日光道の文字がある

本尊の正観世音菩薩は60年に1度ご開帳

⑥小淵山観音院《こぶちざんかんのんいん》

正嘉2年(1258)に創建した本山修験宗・聖護院門跡の末寺。修験道の道場や観音信仰の中心地として栄えた。真菰(まこも)に包まれ、厨子に安置される本尊は60年に1度の丙午(次回は2026年)に開帳される。

埼玉県春日部市小渕1634

上／修験道の開祖・役小角像　左／寛政12年(1800)再建の本堂。回廊や内外陣に参拝者の厄を飲み込むとする獅子の彫刻が見られる

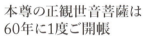

村民の有志が立てた
江戸時代の道標

❼ 九品寺《くほんじ》

堤根村（杉戸町）の農民42人が協力し、新川村（春日部市）の石工に造らせた天明4年（1784）の道標が境内に残る。寺の向かいには、駕籠を担ぐ人、荷物を運ぶ人、馬、旅人が休む立場があった。

埼玉県北葛飾郡杉戸町堤根3913

上／青空に映える白壁の本堂
左／裏に正面金剛とあるので庚申塔も兼ねていたようだ

左上／13の仏さまが並び、十三仏参りが一度にできる
下／独特なデザインの本堂

鎌倉時代に開かれた
豊山派の寺

❽ 来迎院《らいこういん》

本尊の不動明王は奥州藤原氏の守護仏で、運慶作と伝わる。孝行娘が失明した母親のために21日間祈願すると視力が回復したという伝説から眼病に御利益があると信じられる。

埼玉県北葛飾郡杉戸町清地1-6-16

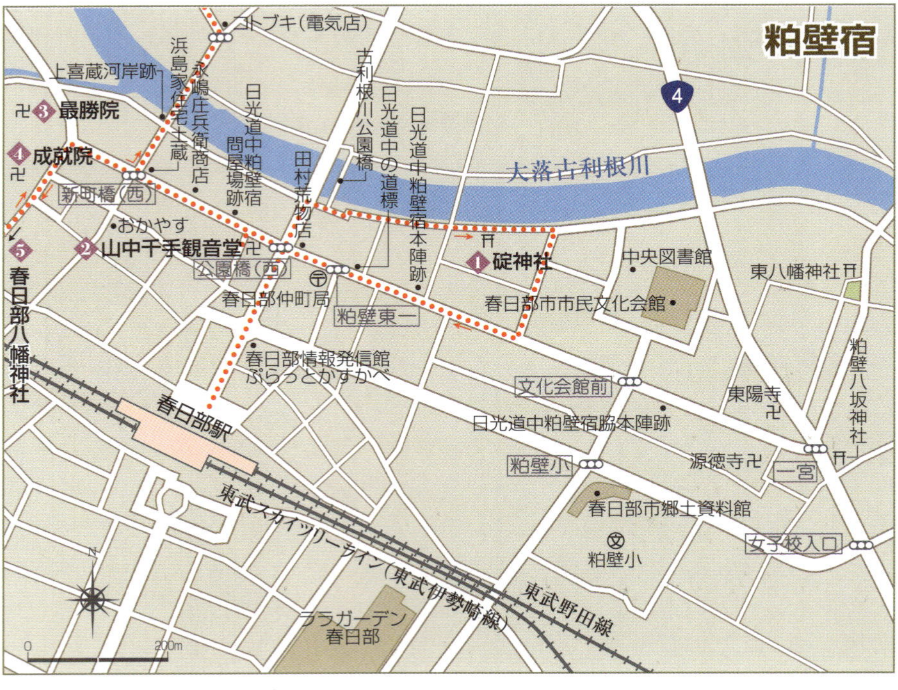

杉戸町と日本工業大学が協力して平成28年に新設

杉戸町の民家の屋根に立つ厄除けの鍾馗(しょうき)様

資料に基づいて正確に復元された

⑨ 杉戸宿高札場《すぎとしゅくこうさつば》

高札場は法令などを知らせる告知板。杉戸宿の高札場は関宿道との分岐にあったが、現在は民家が立つため、ここに復元された。天保14年(1843)の『日光道中宿村大概帳』に基づきほぼ原寸大で復元した。

埼玉県杉戸町清地1-2-129

右／イチョウの大木に囲まれた本堂
左／参道脇に小さな富士塚も見られる
下／見返りの狛犬。なぜか参道に背を向けている

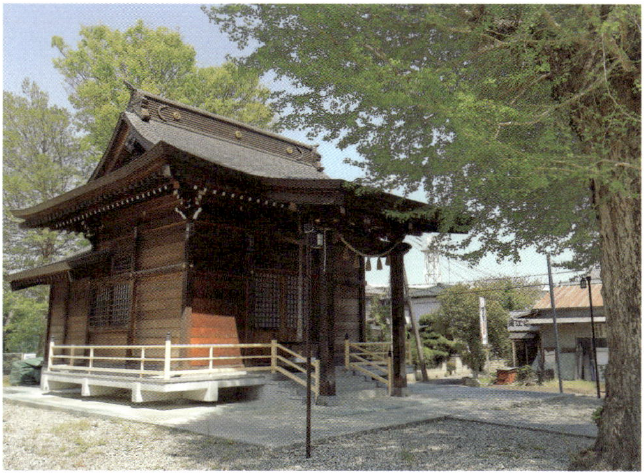

不幸な火災に遭うも
住民の尽力で蘇った

⑩ 近津神社《ちかつじんじゃ》

清地地区の鎮守で、剣の神である武甕槌命(タケミカヅチノミコト)をはじめ三柱の神様を祀る。社殿の彫刻で知られたが、平成13年に焼失。その後、社殿が新設され、鎮守の森も整備された。

埼玉県杉戸町清地1-1-29

❖関口酒造

**江戸時代に商いを始め、
杉戸宿とともに歩んできた造り酒屋。
約200年に渡る酒造りの歴史を
14代当主・関口博正さんに聞く。**

左／「杉戸宿 大吟醸古酒」は、杉戸宿開宿400年を記念して開発。好評のため第2弾を販売した　上／店舗は明治34年（1901）築で2年前に改修した

関口家当主は代々「関口式右衛門（せきぐちしきえもん）」を名乗った

「関口家の本家は駿河今川家の家臣で、徳川家康の正室となった築山御前の実家です。桶狭間の合戦後、この地に移り住み、1600年代に当家の先祖が分家して、商いを始めました。屋号は豊嶋屋といい、米などを扱っていたようですよ」と教えてくれたのは14代当主の関口博正さん。

酒造りは文政5年（1822）から。以後、越後杜氏を招いて酒造りに励むが、苦労は尽きなかった。たとえば、仕込み水。古利根川が近くを流れる関係から、井戸水は鉄分や有機物が多く、スッキリした味わいにならなかった。幸い、近隣の久喜市は醸造に適した良硬水であったため、仕込み水を取り寄せたそうだ。

「現在では、どの酒蔵も大吟醸を製造・販売していますが、昭和30年代（1955〜1964）は蔵人の腕前を競うコンテスト用の酒でした。うちも優勝したことがあるんです」

当時、博正さんは高校生。実質の経営は母親だったが、表彰式には詰め襟の学生服姿の博正さんが登壇し、周囲を驚かせた。昭和38年（1963）に大学を卒業後、当主となり、順調に売り上げを伸ばしていく。

酒蔵の歴史が詰まった限定古酒が話題に

平成23年3月11日に発生した東日本大震災は、関口酒造にとっても大きな転機となった。酒を醸造・貯蔵する蔵2棟の屋根が落ちるなど、甚大な被害が出た。

「平成10年頃から酒造りを止めていたことと、費用面から、蔵の取り壊しを決断しました。工事では30数本の貯蔵タンクをパワーシャベルで潰すんですが、その時、ギィーって音がして……。タンクが泣いているようで心苦しかったです」

一度は諦めたが、造り酒屋の矜持が酒造りを再開させる。関口酒造の味を忠実に再現できる委託先が見つかったのだ。現在の主力商品は「豊泉」「杉戸宿」「杉戸宿七福神」など。注目は「杉戸宿 大吟醸古酒」で、蔵に残っていた昭和48年（1973）から2年分の大吟醸酒をブレンドしたところすぐに完売。現在は昭和51年（1976）から18年分をブレンドした第2弾を販売している。一口飲むとドライフルーツのような優しい甘みと深い味わいがある。関口酒造の歴史を味わえる1本だけに、一度試してみる価値はある。

営業時間／8時30分〜17時、日曜・祝日休
埼玉県杉戸町清地2-1-16
☎0480-32-0005

店舗の奥に貯蔵庫などが残るが、見学はできない

Course No. 6

宿場らしい枡形と古民家が残る

杉戸 ▼ 幸手

歩行距離 約7.2km

約1時間50分

歩数 約9700歩

Start 東武動物公園駅
東武スカイツリーライン

▼

1 **東福寺**

▼

2 **宝性院**

▼

3 **大島 稲荷神社（恭倹舎）**

▼

4 **神宮寺**

▼

5 **神明神社（菅谷不動尊）**

▼

Goal 幸手駅
東武スカイツリーライン

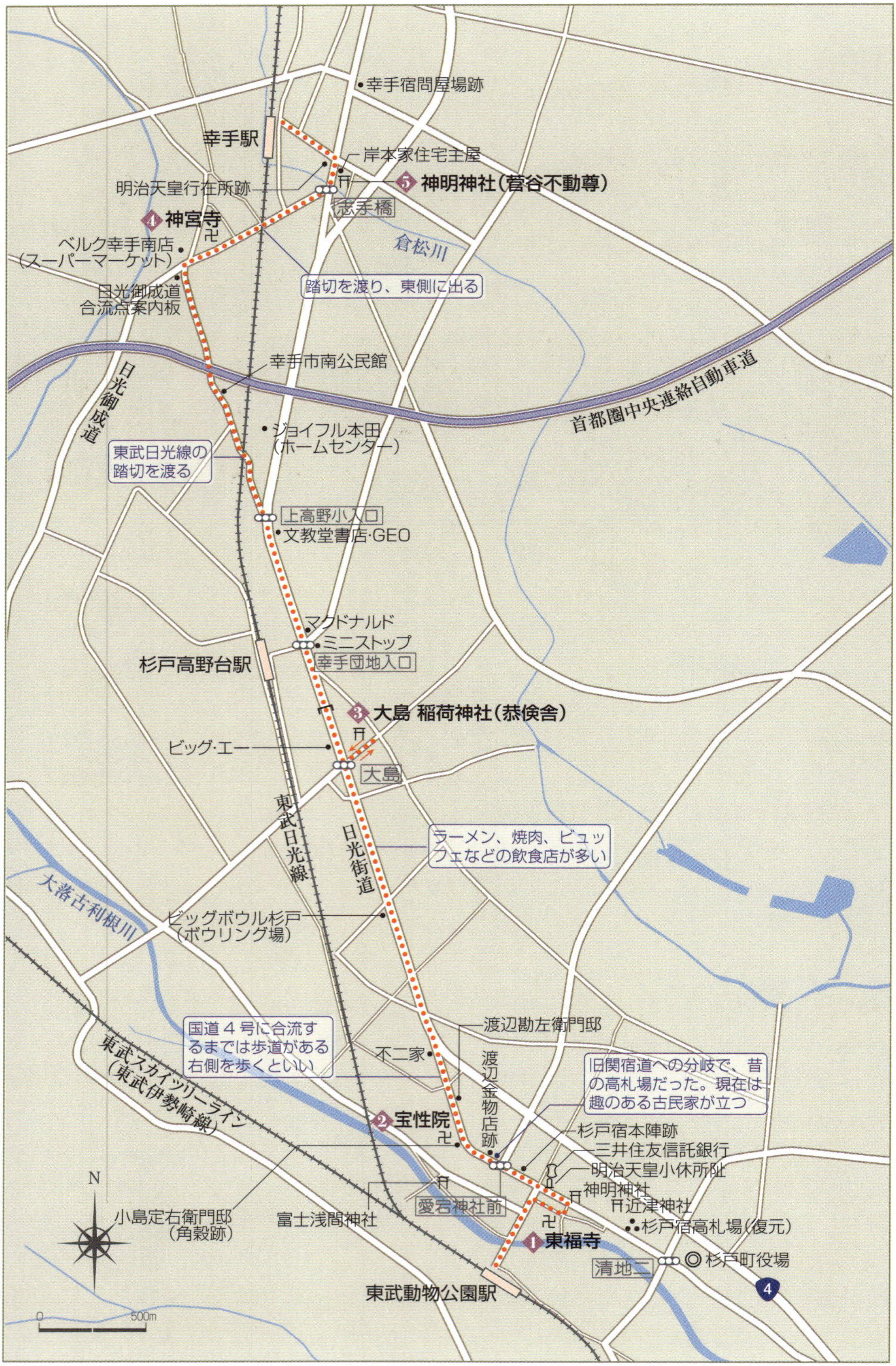
幸手宿問屋場跡
幸手駅
岸本家住宅主屋
明治天皇行在所跡
5 神明神社(菅谷不動尊)
志手橋
4 神宮寺
倉松川
ベルク幸手南店
(スーパーマーケット)
踏切を渡り、東側に出る
日光御成道
合流点案内板
幸手市南公民館
日光御成道
首都圏中央連絡自動車道
ジョイフル本田
(ホームセンター)
東武日光線の
踏切を渡る
上高野小入口
文教堂書店·GEO
マクドナルド
ミニストップ
幸手団地入口
杉戸高野台駅
3 大島 稲荷神社(恭倹舎)
ビッグ·エー
大島
東武日光線
日光街道
ラーメン、焼肉、ビュッ
フェなどの飲食店が多い
大落古利根川
ビッグボウル杉戸
(ボウリング場)
国道4号に合流す
るまでは歩道がある
右側を歩くといい
東武スカイツリーライン
(東武伊勢崎線)
渡辺勘左衛門邸
不二家
渡辺金物店跡
旧関宿道への分岐で、昔
の高札場だった。現在は
趣のある古民家が立つ
2 宝性院
杉戸宿本陣跡
三井住友信託銀行
明治天皇小休所阯
神明神社
近津神社
杉戸宿高札場(復元)
愛宕神社前
小島定右衛門邸
(角穀跡)
富士浅間神社
1 東福寺
清地二
杉戸町役場
4
東武動物公園駅
N
0
500m

将軍の日光社参道が幸手宿の手前で合流

東武動物公園駅東口から歩き始めると、すぐ古川橋に出る。8月上旬には、この橋から川下の清地《せいじ》橋までを会場とする「古利根川流灯まつり」も行われる。畳1畳ほどの巨大な手作り灯籠約250基が数珠つなぎで川面に浮かび、夜は幻想的な光の帯となる。

橋を渡り、右に進むと❶東福寺。杉戸宿と清地村の境界線に立ち、山門前に石碑も立っている。山門から伸びる細い路地を抜けて、左に曲がると本陣跡地交差点に出る。この辺りが元和2年（1616）に開かれた杉戸宿の中心地で、天保14年（1843）には365軒の家が立ち、1663人が暮らした。交差点から奥に向かって、脇本陣、本陣、高札場などがあったが、現在、当時の様子を伝えるのは本陣を務めた長瀬清兵衛邸の門のみ。

その穴埋めというわけではないが、高札場跡に立つ民家、渡辺金物店跡、小島定右衛門邸など、いくつかの古民家が残っている。黒格子の母屋と2階建ての蔵がひときわ目を引く小島邸は、クランク状に曲った通りに立ち、米穀問屋だったことから「角穀」と呼ばれた。こうした通りは、戦が起こった際に敵の侵入を阻むための備えで、枡形といい、どの宿場にも設けられた。

角穀からすぐの❷宝性院は、宿場の発展に貢献した古刹で、戸籍の把握や寺子屋教育、旅籠の代わりも担った。その先の豪邸は渡辺勘左衛門邸。江戸時代からの大地主で、質屋業も営み、明治時代には杉戸銀行を設立している。

杉戸宿と別れ、国道4号の合流点までは歩道のある右側を歩く。国道の合流点から20分ほど歩き、大島交差点を右に入る。歩道に「心学の道」碑が立つのは、江戸時代中期の心学者・大島《おおしま》有隣《うりん》と関口《せきぐち》保宣《ほせん》が大島地区の出身だからだ。❸大島稲荷神社（恭倹舎）を詣でたら、再び国道に戻る。

東武日光線の踏切を渡り、高架道路をくぐるとほどなくT字路にぶつかる。左から合流する通りが、昔の日光御成道だ。将軍の日光社参用に整備された脇往還で、江戸城から岩淵、川口、鳩ヶ谷を経て岩槻で1泊し、ここから日光街道に合流した。

T字路を右に曲がり、源頼朝ゆかりの❹神宮寺に寄って、再び踏切で東武日光線を渡る。NTTの巨大なアンテナが目印となる志手橋を渡れば、その先は幸手宿だ。

❺神明神社（菅谷不動尊）や古民家をリノベーションし、カフェとして再生した岸本家住宅主屋、明治天皇行在《あんざい》所跡などを見ながら、幸手駅へと向かおう。

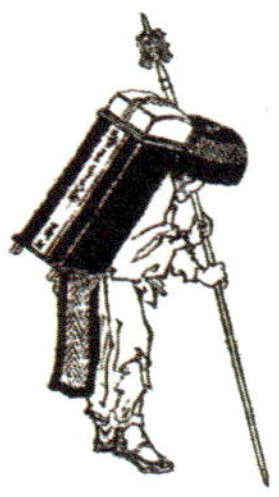

杉戸宿と清地村の境界線にあった古刹

1 東福寺《とうふくじ》

元和9年(1623)の創立と伝わる。信仰の拠り所ばかりでなく、明治初期に起こった自由民権運動では杉戸の活動拠点になり、明治22年(1889)に市制及町村制が施行されると、一時、町役場が置かれた。

埼玉県杉戸町清地1-9-3

山門の向こうに立つ本堂には不動明王や阿弥陀如来が祀られる

東福寺の本堂は、寺院というより民家といったほうがふさわしい質素な造り

杉戸宿新町の鎮守・神明神社。毎年7月に八坂祭りが行われる

明治天皇が明治9年(1876)の東北巡幸で休憩された。石碑は問屋場跡に立つ

杉戸宿本陣跡の門。昔は脇に松の大木が生えていたが近年、枯死した

富士浅間神社の富士塚に芭蕉句碑が隠されている

渡辺金物店跡では地域交流会が不定期で開かれ、その際に店内を見学できる

武田信玄の子孫・武田信之の書いた扁額を掲げる不動堂

赤い山門が出迎える
一色氏ゆかりの古刹

❷宝性院《ほうしょういん》

永禄3年（1560）に幸手城主・一色氏が、安産と子どもの成長を願い、安産不動明王を祀ったのが始まり。江戸時代に成田山、菅谷山からも不動明王を勧請し、現在は3体を祀る。

埼玉県杉戸町杉戸1-5-6

右上／一色氏の家紋が見られる鬼瓦　右下／生命の源である鞠を抱える獅子の彫刻　左／日光街道で最大級という馬頭観音の石塔

心学の大家たちが
庶民教育に尽力した

❸大島 稲荷神社（恭倹舎）

おおしま いなりじんじゃ（きょうけんしゃ）

稲荷神社の境内に、江戸時代の心学者・大島有隣と関口保宣が、故郷の大島村で村人たちを教えた恭倹舎（校舎）が残る。心学は神道、仏教、儒教の教えを日常生活に合わせて説いたいまでいうところの倫理学だ。

埼玉県杉戸町大島

上／天明5年（1785）に帰郷した大島たちが築いた恭倹舎。現在は地域の集会所に　下／稲荷神社の創建年代は不明だが戦国時代の末期には、すでにあったという

戦国時代に1度焼失し、元亀2年（1571）に不残（ふざん）上人が中興した

源頼朝が祈願した
薬師如来を祀る

4 神宮寺《じんぐうじ》

奥州征討の途上で愛鷹を逃がした源頼朝が、この寺で祈願し、無事に捕まえたことから鷹尾山誓願院神宮寺と命名したと伝わる。本尊薬師如来は12年に1度の寅年に開帳される。

埼玉県幸手市南2-3-19

宝暦5年（1755）に伊勢皇太神宮の分霊を祀った神明神社

境内の不動尊は
ユニークな伝承をもつ

5 神明神社（菅谷不動尊）

しんめいじんじゃ（すがたにふどうそん）

幸手宿の入口に立つ。境内の菅谷不動尊は田螺（たにし）を描いた絵馬を奉納して祈願すると、目の病に霊験があると信じられ「田螺不動」とも呼ばれた。火事の時に川から田螺が上がり本尊を守ったという伝説もある。

埼玉県幸手市中2-1-5

醤油醸造業を営んだ岸本家の母屋を改装した古民家カフェ

明治天皇行在所跡。明治天皇は幸手市に4回立ち寄られている

Course No. 7

幸手▶栗橋

歴史を飾る偉人も通った鎌倉街道の要所

歩行距離 約9.3km

約2時間20分

歩数 約1万2400歩

Start 幸手駅
東武日光線

↓

1 一色稲荷神社

↓

5 聖福寺

↓

6 正福寺

↓

7 小右衛門の一里塚

↓

8 会津見送り稲荷

↓

9 炮烙地蔵

↓

Goal 栗橋駅
東武日光線

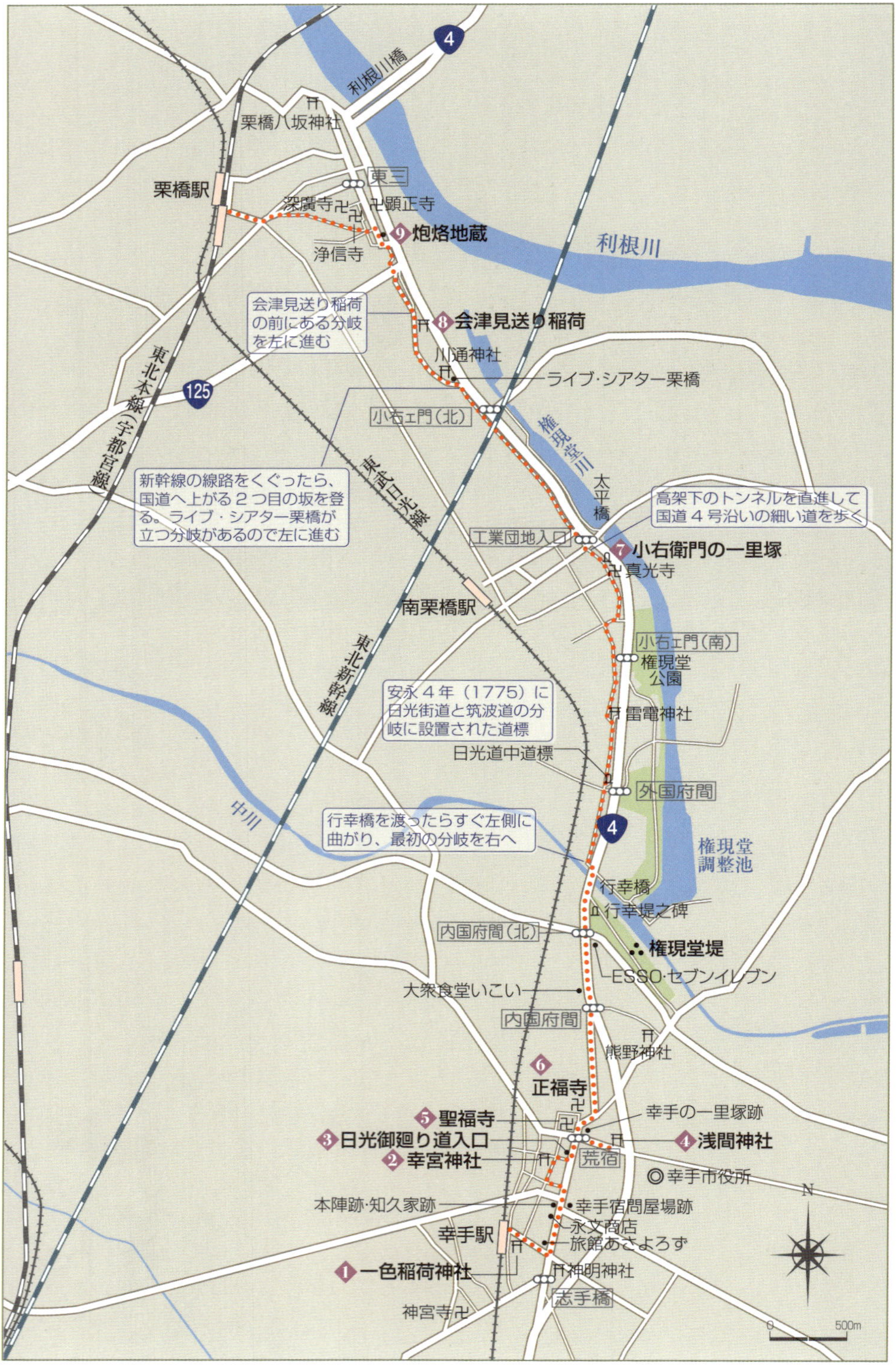

利根川橋
4
栗橋八坂神社
東三
栗橋駅
深廣寺
顕正寺
9 炮烙地蔵
浄信寺
利根川
会津見送り稲荷の前にある分岐を左に進む
8 会津見送り稲荷
川通神社
ライブ・シアター栗橋
125
東北本線（宇都宮線）
小右ェ門（北）
権現堂川
新幹線の線路をくぐったら、国道へ上がる２つ目の坂を登る。ライブ・シアター栗橋が立つ分岐があるので左に進む
東武日光線
太平橋
高架下のトンネルを直進して国道４号沿いの細い道を歩く
工業団地入口
7 小右衛門の一里塚
真光寺
南栗橋駅
小右ェ門（南）
権現堂公園
東北新幹線
安永４年（1775）に日光街道と筑波道の分岐に設置された道標
雷電神社
日光道中道標
外国府間
中川
行幸橋を渡ったらすぐ左側に曲がり、最初の分岐を右へ
4
権現堂調整池
行幸橋
行幸堤之碑
内国府間（北）
権現堂堤
ESSO・セブンイレブン
大衆食堂いこい
内国府間
熊野神社
6 正福寺
幸手の一里塚跡
5 聖福寺
3 日光御廻り道入口
4 浅間神社
2 幸宮神社
荒宿
幸手市役所
本陣跡・知久家跡
幸手宿問屋場跡
永文商店
幸手駅
旅館あさよろず
1 一色稲荷神社
神明神社
志手橋
神宮寺
N
0
500m

田園風景を眺めつつ栗橋宿を目指す

幸手《さって》は日光街道が整備される以前から、奥州と鎌倉を結ぶ鎌倉街道中道の要所だった。この道は奥州へ逃れた源義経を追う源頼朝や静御前、西行法師も通っている。

室町時代になると古河公方の重臣・一色氏の領地となり、いまの幸手駅周辺に城を築いたという。駅からすぐの❶一色稲荷神社も一色氏ゆかりの社といわれている。

日光街道の宿場として整備されるのは、元和2年（1616）で、日光御成道の合流点だったことから重要視される。天保14年（1843）には、約1㎞の範囲に962軒（うち本陣1軒、旅籠27軒）の家が立ち、約3900人が暮らしたようだ。

現在、旧日光街道は幸手駅入口交差点を通っている。駅から交差点に出て、左折すると「旅館あさよろず」が見える。文政2年（1819）創業の老舗旅館で、伊藤博文や板垣退助なども宿泊した。

この先、1㎞くらいは大正から昭和にかけて建てられた木造2階建てや看板建築の商家が並ぶ。その1つ「永文商店」の搬入口には横丁鉄道が残されていた。幸手宿の町割りはウナギの寝床のように細長く、奥の倉庫から通りまで荷物を運ぶのはひと苦労。そこで、敷地内に荷物運搬用のトロッコを設けたわけだ。

脇道に入って❷幸宮神社を詣でて、旧道に戻ると❸日光御廻り道入口の案内を見つけた。この先の権現堂川が氾濫した際、将軍家の迂回路として設定された日光社参道だが、幸か不幸か一度も使われることはなかった。

❹浅間神社、❺聖福寺、❻正福寺を訪ねたら、幸手宿を離れる。権現堂堤までは交通量の多い国道4号を歩くが、行幸橋を渡り、左に折れると道幅の狭い住宅地になり、ホッとできる。

石柱に「右つくば道 左日光道」と刻まれた外国府間《そとごうま》地区の日光道中道標から20分歩くと❼小右衛門の一里塚に着く。隣に新しい本堂の真光寺が立つので目印にしよう。

東北新幹線の線路をくぐったら、国道へ上がる2つ目の坂を上り、「ライブ・シアター栗橋」が分岐に立つ二股道を左へ。道なりに歩くと民家の敷地内に❽会津見送り稲荷がある。社殿に祀られる茶吉尼《だきに》天《てん》は、白髪の老人に変身して旅人を助けたとか。ならば、旅の安全をお願いするのもいい。

❾炮烙《ほうろく》地蔵へ導く木製の道標を追いかけ、国道125号をくぐると炮烙地蔵はもうすぐ。堂内には、地蔵尊の足元には子どもの成長を祈願した焙烙（平たく底の浅い土鍋）がいくつも奉納されていた。

鳥居の扁額に、格式の高い神社であることを示す「正一位」の文字がある

赤い幟が目印になる
一色氏ゆかりの氏神

◆1 一色稲荷神社《いっしきいなりじんじゃ》

古河公方の重臣・一色氏が守り神として祀ったのが始まりと伝わる。一色氏はこの辺りに城を構えたようで、陣屋稲荷の別名も持つ。狭い境内ながらきちんと整備され、地元に愛されている様子がわかる。

埼玉県幸手市中1

明治時代は木造3階建てだった旅館あさよろず

幸手宿問屋場跡。ここでは荷物運搬用の人足25人、馬25頭の常駐が義務付けられた

幸手宿本陣・知久(ちく)家跡。知久家は問屋、名主も兼ねた

上／縦に長い町割りが生んだ横丁鉄道。今も現役で稼動している
右／永文商店の壁面には松尾芭蕉と河合曽良のイラストが描かれている

日の目を見なかった
幻の日光社参道

3 日光御廻り道入口《にっこうおまわりみちいりぐち》

権現堂川の氾濫に備えた日光社参道の迂回路。安永年間（1772～1781）頃に設定されたと考えられ、現在の久喜市鷲宮と加須市川口を経て、栗橋宿に抜けた。将軍の社参時に水害は起こらず、一度も使用されなかった。

上／通りには大きな豆腐屋やせんべい屋が並ぶ
左／日光御廻り道入口。ローソンが目印となる

文久3年（1863）再建の本殿。壁面の浮彫が素晴らしい

幸手の夏に欠かせない
夏祭りの先陣を切る

2 幸宮神社《さちのみやじんじゃ》

創建400余年の古社。境内に大杉神社、八坂神社などもある。毎年7月に開催する「幸手夏祭り」はこの神社の大神輿渡御から始まる。最終日は各町の山車が引き回される。

埼玉県幸手市中4-11-30

子どもの成長を祈る
初山がいまも続く

4 浅間神社《せんげんじんじゃ》

江戸時代に幸手宿の豪商「長島屋」が建立したと伝わる。毎年6月30日と7月1日にはその年に生まれた赤ちゃんが参拝する「初山」が行われる。参拝すると、健やかな成長を願う神社印を額に捺してくれ、それぞれ意味のあるネギ、団扇（うちわ）、タン切り飴が授けられる。

埼玉県幸手市北2-4-28

富士山に見立てた高台に社殿が立つ

徳川将軍が幾度も
立ち寄ったと伝わる

5 聖福寺《しょうふくじ》

室町時代から続く浄土宗の寺。江戸時代に将軍や日光例幣使の休憩所となり、寺の様相が一変したことから、地元では「しんてら」と呼ばれるようになった。

埼玉県幸手市北1-9-27

上／本堂には初代から13代までの将軍位牌を安置　右／参道入口の芭蕉句碑

江戸時代は将軍と例幣使だけが通れた勅使門

豪商の善行を伝える
江戸時代の石碑が立つ

6 正福寺《しょうふくじ》

真言宗智山派の寺。境内には天明の飢饉(1782〜1788)が発生した際、豪商たちが私財を投じて人々を救った善行を称える「義賑窮餓之碑(ぎしんきゅうがのひ)」が立っている。

埼玉県幸手市北1-10-3

上／かつては僧侶の養成機関でもあった　右／権現堂河岸と日光道を示す道標

本堂前の石仏群

弁財天の祠が立つ
13番目の一里塚

7 小右衛門の一里塚《こえもんのいちりづか》

幸手宿と栗橋宿の中間にあり、多くの旅人が休憩したと思われる。文化3年（1806）に完成した「日光道中分間延絵図（にっこうどうちゅうぶんけんのべえず）」ではエノキと思われる木が描かれているが、現在は弁財天堂が立っている。

弁財天堂は昭和初期に付近から移築された

大事な荷物を失い死を決意した藩士を老人が救ったという話も伝わる

白い狐に乗った
荼吉尼天を祀る

8 会津見送り稲荷《あいづみおくりいなり》

縁起によると、参勤交代の先遣（せんけん）隊となった会津藩士が、洪水で困っていると白髪の老人が現れ、道案内をしてくれた。後日、老人が荼吉尼天（だきにてん）の化身と分かり、堂宇を建て祀ったという。

参拝後、線香の灰をイボにつけると治るともいわれる

関所破りの厳しさを
庶民に伝えた

9 炮烙地蔵《ほうろくじぞう》

語り伝えでは、関所破りで火あぶりにされた者たちを供養するために地蔵尊を祀ったという。直接、火を当てて使う焙烙を奉納して願掛けするのはそのためだ。毎年8月23日に祭礼が行われる。

埼玉県久喜市栗橋東3-15-7

民家脇に立つ堂宇内に宝永7年（1710）に建立された地蔵尊が鎮座する

❖権現堂堤

国内外から年間200万人が訪問する権現堂堤。暴れ川の備えから花の名所へ、生まれ変わった歴史を追う。

今も昔も権現堂堤を愛する市民の努力で維持管理がされている

徳川家康は江戸入府後、江戸（東京）湾に注いでいた利根川を太平洋に流す「利根川東遷事業」を指示した。承応3年（1654）に工事が終わるまで、幸手宿の北西を流れる権現堂川は利根川の本流だった。当時の利根川は暴れ川であり、その洪水対策として天正4年（1576）頃に築かれた堤防が、権現堂堤の起源といわれている。

江戸時代も、ひとたび決壊すれば、大江戸八百八町の半ばが水浸しになるといわれ、幕府は維持管理に注力する。しかし、何度も決壊し、享和2年（1802）には権現堂村の民家80軒が流出した。

悲しい伝説もある。順礼の母子がこの地を訪ねた時、権現堂堤が決壊する。村人は堤の修復を試みるが、濁流が凄く作業ははかどらない。母子は「水神のたたりである。人身御供をたてずばなるまい」と言って、自ら人柱になることを申し出て、濁流に身を投じる。すると、母子の願いが通じたのか、たちまち水流は収まり、工事は無事に終わったという。この悲話に基づく順礼供養之碑と順礼供養塔が堤の上に立てられている。

明治時代の日本画家結城素明（ゆうきそめい）が描いた順礼親子像が刻まれた供養塔

春は桜と菜の花の花模様を描く

桜堤の復活を目指し戦後、3000本を植樹

明治になると、現在の行幸橋から久喜市小右衛門まで、新権現堂堤が築かれる。東北巡幸の途上で、明治天皇は新たな堤防を視察され、記念碑を建てることを提案。行幸堤（みゆきづつみ）の命名も許した。

その後、利根川改修により権現堂川は安全になり、堤防への関心は低くなる。それを惜しんだ人々は大正時代から桜を植え始め、桜の名所となった。第2次世界大戦後、燃料用の薪として大量に伐採されたため、昭和24年（1949）に3000本のソメイヨシノを植樹。その成果が現在の桜堤だ。約1kmの間におよそ1000本が並び、桜のトンネルを作っている。桜堤に沿って菜の花の花絨毯も見られ、春爛漫の絶景に目が釘付けになる。

桜だけでなく、6月中旬は約100種、約1万6000株のアジサイ、9月下旬は約350万本の曼珠沙華、1月下旬は約60万本のスイセンが咲き、折々の花風景を楽しませてくれる。堤防の中央あたりに、茶店もあるので、街道歩きの途中に寄り道してみたい。

茶店では自家製パンや軽食を販売

Course No. 8

栗橋 ▸ 古河

北方の防御線、日光街道唯一の関所を越える

歩行距離 約11.5km

約2時間50分

歩数 約1万5400歩

Start 栗橋駅
JR東北本線
東武日光線

▼

1 静御前の墓

▼

2 浄信寺

▼

6 栗橋八坂神社

▼

10 中田の松原

▼

12 古河公方公園（古河総合公園）

▼

14 鷹見泉石記念館

▼

Goal 古河駅
JR東北本線

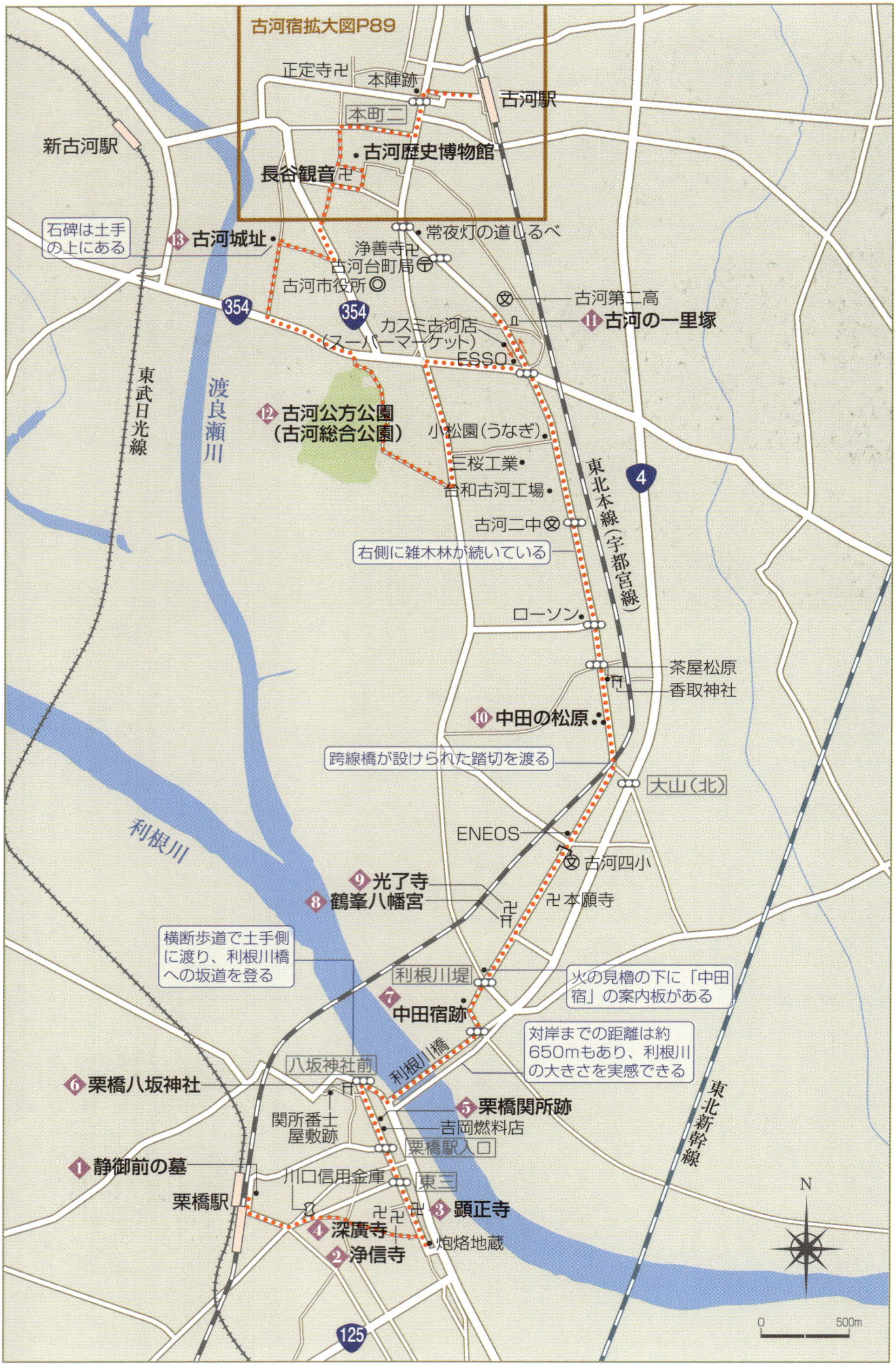
古河宿拡大図P89
正定寺
本陣跡
古河駅
本町二
新古河駅
古河歴史博物館
長谷観音
常夜灯の道しるべ
石碑は土手の上にある
13 古河城址
浄善寺
古河台町局
古河市役所
354
古河第二高
11 古河の一里塚
カスミ古河店
(スーパーマーケット)
ESSO
東武日光線
渡良瀬川
12 古河公方公園
(古河総合公園)
小松園(うなぎ)
三桜工業
台和古河工場
東北本線(宇都宮線)
4
古河二中
右側に雑木林が続いている
ローソン
茶屋松原
香取神社
10 中田の松原
跨線橋が設けられた踏切を渡る
大山(北)
利根川
ENEOS
古河四小
9 光了寺
8 鶴峯八幡宮
本願寺
横断歩道で土手側に渡り、利根川橋への坂道を登る
利根川堤
火の見櫓の下に「中田宿」の案内板がある
7 中田宿跡
対岸までの距離は約650mもあり、利根川の大きさを実感できる
利根川橋
八坂神社前
6 栗橋八坂神社
5 栗橋関所跡
関所番士屋敷跡
吉岡燃料店
東北新幹線
栗橋駅入口
1 静御前の墓
川口信用金庫
東三
栗橋駅
3 顕正寺
4 深廣寺
炮烙地蔵
2 浄信寺
N
125
0
500m

大河の利根川を渡り茨城県古河市に入る

埼玉県最後の宿場となる栗橋宿は、少し予習して歩きたい。ただの石碑も知識があればドラマを見出せる。

たとえば栗橋駅すぐの①静御前の墓。なぜここに？ と思う方も多いだろう。静御前は源義経が京都で愛した舞女で、鎌倉幕府の追及から逃れる際も行動を共にした。しかし、途中の吉野山（奈良県）で捕らわれ、鎌倉に召喚される。

その後、京都に戻るが、義経の消息を知り、急いで平泉へ向かう。現在の茨城県古河市に着いたときに義経の死を聞き、仕方なく京都に戻ろうとするが栗橋で病に倒れ、亡くなったそうだ。静御前の一途な生き方に心を引かれるのか、歴史好きの女性がよく足を運んでいる。

旧日光街道沿いに集まる②浄信寺、③顕正寺、④深廣寺には、栗橋宿を開拓した名士が眠る。栗橋宿は最初、現在の茨城県五霞町にあったが、洪水のため現在地に移った。宿場業務は「合宿」といい、利根川を挟んだ中田宿と協力して行い、日光街道唯一の関所もあった。残念ながら、現在は⑤栗橋関所跡の碑が残るのみだ。

⑥栗橋八坂神社の手前から堤防を上がり、利根川橋を渡る。さすが、坂東《ばんどう》太郎と呼ばれた関東一の大河だけに、渡り終えるまで10分以上もかかった。対岸に渡り、左に曲がると⑦中田宿跡で栗橋関所の案内板が立つ。

この先、⑧鶴峯八幡宮と⑨光了寺を過ぎ、ＪＲの踏切を渡ると広い歩道に松の木が並んでいた。昭和10年代から伐採が始まった⑩中田の松原を復元しようと平成6年にクロマツが植樹された。大木に育つまではまだ時間がかかるが、こうした取り組みは大歓迎だ。

道なりに約35分歩いて、国道３５４号を渡り、しばらく進むと古河第二高校に着く。校庭に⑪古河の一里塚が残されている。そのまま旧日光街道を行けば10分ほどで古河宿に入れるが、⑫古河公方公園（古河総合公園）に寄り道してみる。とくに3月下旬から4月上旬は、約１５００本のハナモモが咲き、園内はピンク色に染まる。古河にモモの植林を奨励したのは古河藩主・土井利勝で、江戸から種を送り、農民に育てさせたという。

土井利勝と並ぶ古河の偉人には家老の鷹見泉石もいる。11代土井利位《としつら》が大坂城代の時、大塩平八郎の乱が起こるが、それを鎮めたのが鷹見泉石だ。⑬古河城址の後に訪ねた⑭鷹見泉石記念館は、隠居後、蘭学にいそしんだ旧宅だ。見学後は⑮古河歴史博物館、⑯長谷観音に寄りつつ古河駅を目指そう。

右／義経招魂碑　左／静御前の墓。江戸時代に枯死した杉の替わりにイチョウが植えられた

義経への愛を貫いた
悲恋の静御前が眠る

①静御前の墓《しずかごぜんのはか》

静御前の亡骸は侍女の琴柱（ことじ）がこの地にあった高柳寺（こうりょうじ）に埋葬したと伝わる。墓の上には杉が植えられたが墓石はなく、享和3年（1803）に関東郡代の中川忠英（ただてる）が建立した。

徳川秀忠も賞賛した
勇気ある名主が眠る

②浄信寺《じょうしんじ》

栗橋宿の名主・梅澤太郎右衛門が中興した浄土宗の寺。梅澤は2代将軍・徳川秀忠が日光社参する際、流失しかかった船橋を命がけで守り、褒美とともに名字、帯刀を許された。

埼玉県久喜市栗橋東3-8-15

右／梅澤太郎右衛門の墓　左／大正時代から子どもの無事成長を祈願して呑龍上人も祀っている

右／池田鴨之介の墓　左／本堂には市指定有形文化財の木造阿弥陀如来立像が祀られる

栗橋宿を開拓した
池田家の菩提寺

③顕正寺《けんしょうじ》

浄土真宗の寺で、慶長19年（1614）に下総国古河領から移転したと伝わる。墓地には栗橋宿開拓者のひとり池田鴨之介が眠る。池田家は開宿当初から本陣役を務め、当主は鴨之介の名前を世襲した。

埼玉県久喜市栗橋東3-14-14

南無阿弥陀仏と刻まれた
六角名号塔が21基立つ

④深廣寺《じんこうじ》

元和元年（1615）開創。境内に2代住職の単信上人が20基、9代法信上人が1基立てた六角名号塔が立つ。六角名号塔は千人供養塔で、法信上人の塔は三千人供養塔になっている。

埼玉県久喜市栗橋東3-7-24

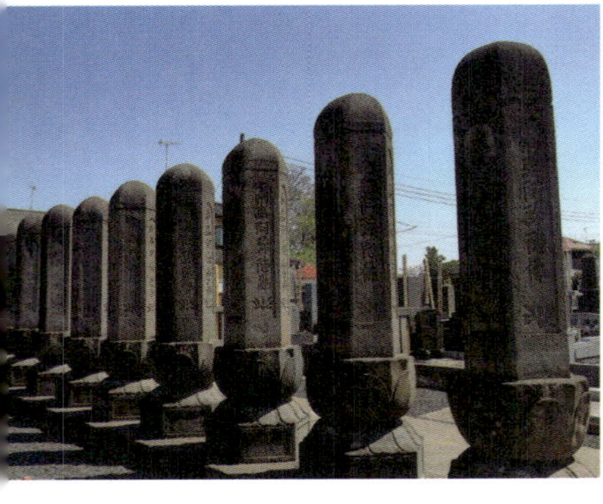

六角名号塔

狛犬ならぬ狛鯉が
神殿を守る

6 栗橋八坂神社《くりはしやさかじんじゃ》

慶長年間（1596～1615）に利根川が氾濫した際、鯉と亀に守られた神輿が漂着したことから社が築かれたという。地元では天王様と呼ばれ、夏祭りに文久3年（1863）に奉納された神輿が宮出しされる。

埼玉県久喜市栗橋北2-15-1

上／社殿には素戔嗚尊が祀られる　右上／拝殿に龍、鶴、亀などの彫刻が施されている
左／狛鯉も阿吽があり、口を開いた鯉は招福、口を閉じた鯉は除災を意味する

関所番士屋敷跡。番士は2人1組、5日間交代で勤務した

大正13年（1924）の利根川橋開通を記念して建立された石碑

入鉄砲、出女を
厳しく取り締まった

5 栗橋関所跡《くりはしせきしょあと》

河川の関所は対岸の地名を冠するため、栗橋関所の正式名は「房川渡中田御関所（ぼうせんわたしなかだおんせきしょ）」といった。関所は明治2年（1869）まで続き、関所番士は加藤、足立、富田、島田の4家が代々勤めた。

右／池田鴨之介とともに栗橋宿を開拓した並木五郎兵衛の墓
下／本堂に安置された単信上人椅像は毎年12月2日に開帳される

江戸を出て2泊目は
栗橋・中田宿だった

❼中田宿跡

なかだしゅくあと

中田宿の町並みは利根川の河川敷と土手になってしまったが、天保14年(1843)の記録では本陣、問屋、旅籠など69軒があったと記されている。

利根川橋の東岸に「栗橋関所」の案内板が立つ

左／本殿には徳川将軍家も祈願した５柱の神様が祀られる
下／毎年４月、神楽殿で「中田永代太々神楽」が奉納される
左下／「日光街道　旅の神」と書かれた案内板

将軍も立ち寄り
旅の安全を祈願した

❽鶴峯八幡宮

つるがみねはちまんぐう

養和元年(1181)に源頼朝が鶴岡八幡宮から勧請したのが始まりという。社殿の前で足踏みして祈願すると安全に旅ができるといわれ、現在も街道歩きや足腰の悩みを抱える人々が参拝に訪れる。

茨城県古河市中田1337-6

お耳拝借 5

omimihaisyaku

❖船橋

江戸時代、利根川は防衛上の理由から架橋が許されず、船で行き来していた。しかし、将軍の日光社参になると、多くの人や物資が通行することになり、臨時の橋が架けられた。この方法が合理的で、まず河川敷を含めた川幅いっぱいに高瀬舟を並べ、頑丈な虎綱で川岸から固定する。次に船の上に板と砂を敷いて橋とした。船を橋脚にすることから「船橋」とも呼ばれた。船橋は将軍通行の度に架けられ、12代将軍・徳川家慶の社参では準備期間に3年も要したといわれている。

古河歴史博物館に展示されている模型を見ると、架橋の様子がよくわかる

静御前の守り本尊を
所蔵する古刹

⑨光了寺《こうりょうじ》

静御前が弔われた高柳寺が前身。鎌倉時代に当時の住職が親鸞（しんらん）上人の教えを受け、浄土真宗に改宗し、寺号を改めたという。寺宝に静御前の守り本尊や御衣、義経かたみの懐剣などがある。

茨城県古河市中田1334

右上／本堂の前にはヒバの大木が立つ　上／白壁に映える瓦屋根の山門　左／木造聖徳太子立像（松葉太子像）を祀る聖徳太子堂

草加松原と並ぶ
日光街道の名所

⑩中田の松原《なかだのまつばら》

古河城主・永井尚政が寛永７年（1630）に植えさせたと伝わる。現在の茶屋新田から原町までの約4kmに及び、途中に茶屋や一里塚などもあった。平成6年から景観の復活を目指して、クロマツを植樹している。

歩道に植樹スペースを設けて、茨城県産クロマツを植えた

日本橋から16番目の一里塚。白い杭の文字も消えかけて読みにくい

昔は旅人、今は生徒を
温かく見守る

⑪古河の一里塚《こがのいちりづか》

現在は古河第二高校内のグランド隅に位置している。一里塚と書かれた白い杭が目印で、沿道からも見られるが、事務所で手続きすれば間近で見学できる。学校なので学生への配慮は忘れずに。

民家園にある旧中山家。大型の農家で延宝２年（１６７４）築と考えられる

花の美しい公園は
古河公方誕生の地

⑫古河公方公園（古河総合公園）

こがくぼうこうえん（こがそうごうこうえん）

鎌倉公方の足利成氏（しげうじ）が享徳4年（1455）に移り住んだ地。園内の公方様の森に館跡の石碑が立つ。その後、足利氏は「古河公方」と呼ばれ、約130年間続く北関東の一大勢力となる。

茨城県古河市鴻巣399-1

右／公方様の森の三方を囲む御所沼　左上／古河公方館跡の石碑と解説板　左下／ハナモモは矢口、源平、菊桃、寿星桃、寒白の5種類が見られる

平安から明治維新まで
古河の中枢となった

⑬古河城址　こがじょうし

古河城は平安時代末期から鎌倉時代初期の武将・下河辺行平（しもこうべゆきひら）が建てた城館から始まり、足利成氏も本拠地にした。寛永12年（1635）、本丸・御三階櫓の竣工をもって、完成したとされる。

新三国橋が架かる辺りが昔の本丸。
日光社参の将軍も泊まった

右／重厚な長屋門　左下／平成2年から記念館として公開された　右下／隠居後の鷹見泉石は研究に没頭。江戸時代唯一のヨーロッパー国図『新訳和蘭国全図』も著している

晩年の鷹見泉石が
研究に明け暮れた

14 鷹見泉石記念館《たかみせんせききねんかん》

古河城御三階櫓の余材で建てたと伝わり、建坪は100坪（現在の2倍以上）もあった。幕末、天狗党の乱に巻き込まれ、幕府に降った水戸藩士100名以上を一時収容したこともある。周辺は史跡も多く、昔の面影がしのばれる。

9時～17時／第4金曜（祝日の場合は開館）・祝日の翌日休（土・日曜の場合は開館）／入館無料／茨城県古河市中央町3-11-2／☎0280-22-5211

古河の町歩きは ここから始めたい

⑮古河歴史博物館《こがれきしはくぶつかん》

古河城出城跡に立つ。常設展示は鷹見泉石が収集、記録、研究した蘭学資料を展示する「鷹見泉石と洋学」や原始から近代までの歴史を解説する「古河の歴史」など3室からなる。企画展も定期的に開催。

9時～17時／第4金曜(祝日の場合は開館)・祝日の翌日休(土・日曜は開館)／入館400円／茨城県古河市中央町3-10-56／☎0280-22-5211

上／景観を生かした建物は日本建築学会賞を受賞した
右／施設の脇は公園に

古河城や城下の様子がわかる復元模型

お休み処坂長は江戸時代から続く商家の建物を喫茶や食事処に活用

古河第一小学校そばにある鷹見泉石生誕之地碑

古河城獅子ヶ崎土塁の向かいに立つ古河藩重臣屋敷の長屋門

古河公方や歴代城主に 崇敬された観音様

⑯長谷観音《はせかんのん》

明応2年(1493)に古河公方・足利成氏が古河城の鬼門除けとして鎌倉の長谷寺から勧請した。大和(奈良)、鎌倉、古河の本尊は同じ1本のクスノキから作られたといわれ、日本三大長谷観音と称されている。

茨城県古河市長谷町５-1

本堂には背丈2m以上の木造十一面観音菩薩像が安置されている

Course No. 9

古河▼間々田

宿場・城下町の賑わいを今に伝える

歩行距離 約15km

約3時間45分

歩数 約2万歩

Start 古河駅
JR東北本線

▼

1 西光寺

▼

7 塩滑地蔵

▼

8 野木神社

▼

11 友沼八幡神社

▼

13 乙女八幡宮

▼

15 小山市立博物館

▼

Goal 間々田駅
JR東北本線

間々田駅入口
15 小山市立博物館
14 乙女河岸跡
13 乙女八幡宮
間々田駅
乙女
佛光寺
4
東北本線（宇都宮線）
光南病院
12 若宮八幡神社
（大日如来坐像）
一本立ちの木の根元に小さな鳥居と祠が立っている
馬頭観世音
11 友沼八幡神社
10 法音寺
セブンイレブン
役場入口
長屋門
思川
友沼
ローソン
出光
野木町役場
長屋門
松原
野木駅
東北新幹線
野木二中
佐野らーめん中村屋
観音堂·十九夜供養塔
9 野木宿道標
野木一里塚跡
満願寺
はくうんの木公園
8 野木神社
「野木町煉瓦窯」「乗馬クラブクレイン栃木」の案内板が目印
野木
野木町煉瓦窯
コジマ
COSMO
7 塩滑地蔵
セブンイレブン
4
6 正麟寺
常夜灯の道標
4 雀神社
神宮寺
正定寺
古河駅
本町二
354
長谷観音
古河宿拡大図P100
N
0
500m

古河宿を堪能したら いよいよ栃木県へ

日光街道の宿場であるとともに、古河城の城下町でもあった古河は見どころが多い。この街では、たっぷり時間をとって散策を楽しむのも一案だ。

古河駅西口から伸びる通りを進み、❶西光寺を詣でて旧日光街道に出る。正面に見えるショッピングモール敷地内に本陣跡、本町2丁目交差点近くに高札場跡がある。

本町2丁目交差点を右折して江戸町通りに入る。古河城の追手門に至る通りで、江戸時代は商家が連なり、賑わいを見せたという。通りの左側には大正9年（1920）築の3階建て石蔵を改修した篆刻《てんこく》美術館、レンガ造りの古河街角美術館、一般公開している永井路子旧宅などが並ぶ。

通りの右側は昔の寺町で、江戸時代の古河城や城下町を整備した土井家の菩提寺・❷正定寺や❸永井寺、❹雀神社などの古社寺が佇む。路地に入れば昔ながらの料亭や武家屋敷の面影も残り、江戸時代の雰囲気が垣間見える。

土蔵造りの商家や❺はなもプラザが立つ「よこまち柳通り」を歩き、❻正麟寺を過ぎると古河宿が終わり、県道261号に合流する。しばらく商店や民家が続き、左側に結婚式場が現れると向かいの商店脇に❼塩滑地蔵がある。

ここから5分ほど歩くと❽野木神社の鳥居に着く。社殿まで500mほどの長い参道が続き、境内には約1200年前に植樹されたという大イチョウがある。20年ほど前から境内にフクロウが住み着き、毎年数羽の雛が巣立っていく。5月から6月頃はフクロウの親子が見られるため、境内は鳥好きのカメラマンでいっぱいになる。

野木神社の鳥居の先で、国道4号に合流。現在の野木小学校あたりが、栃木県最初の宿場・野木宿の入口だった。天保14年（1843）の記録では家数126軒（そのうち本陣と脇本陣が各1軒、旅籠25軒）とあるが、現在は案内板や❾野木宿道標が宿場の記憶を伝えるくらいだ。

日光社参の将軍も休憩したという⓫友沼八幡神社で小休止したら、⓬若宮八幡神社へ。⓭乙女八幡宮から先はコースが選択できる。時間があまりない場合や疲労があるときは、そのまま国道を進み間々田駅入口交差点を右折してゴールを目指す。

本モデルコース通りなら、乙女交差点を左折。10分ほど歩くと思川に架かる思川乙女大橋に着く。橋の左側、土手の上に⓮乙女河岸跡がある。⓯小山市立博物館には河岸の模型もあるのでぜひ見学したい。

古河城下本陣址

本陣址碑。本陣の建坪は
114坪（約377㎡）もあった

青空の下で優しい
笑みを浮かべる仏様

1 西光寺《さいこうじ》

明治8年（1875）に焼失するまで、木造の閻魔大王が祀られ、多くの人に信仰された。本堂前に鎮座する金銅造りの古河大仏（阿弥陀如来）は昭和54年（1979）に再建された2代目。初代は江戸時代前期に700名以上の寄付により建立されたが、第2次世界大戦時の金属類回収令で供出した。

茨城県古河市本町1-2-28

古河大仏の参拝は合掌して「南無阿弥陀仏」と10回唱える

昔の絵図を元に
立てられた高札場跡

黒門、赤門がある
土井家の菩提寺

2 正定寺《しょうじょうじ》

寛永10年（1633）に古河城主・土井利勝が創建した。利勝は家康、秀忠、家光の徳川3代に仕え、大老として徳川幕府の基礎を築いた。春日局（かすがのつぼね）が家光から拝領した開運弁財天を祀る堂宇もある。

茨城県古河市大手町7-1

赤門は安永4年（1775）に８代土井利里（としさと）が建立。土井家江戸下屋敷の表門を移した黒門もある

土井利勝である。
古河の町を
お楽しみあれ

上／墓所には江戸時代の書家・小山霞外（おやまかがい）の墓もある　左／如意輪観音がのる十九夜塔

江戸時代の古河城主
永井氏が創建した

3 永井寺《えいせいじ》

寛永3年（1626）に開かれた永井家の菩提寺。創建を命じた初代古河藩主・永井直勝は徳川家と豊臣家が戦った小牧・長久手の戦いで、豊臣方の池田恒興を討ち取った猛将だ。境内に市内最大といわれる宝篋印塔がある。

茨城県古河市西町9-33

古河公方をはじめ
歴代城主が崇敬した

4 雀神社《すずめじんじゃ》

創建は諸説あるが、一説では貞観年間（859～877）に出雲大社から勧請したという。名前の由来は地名の雀が原、または国鎮めの神が転じたとも。春には江戸時代からの磐戸（いわと）神楽が、夏祭りには獅子舞が奉納される。

茨城県古河市宮前町4-52

上／現在の社殿は慶長10年（1605）に古河城主・松平康長が造営したと伝わる　右下／ユーモラスな表情の狛犬は元禄14年（1701）奉納

柱や欄間など随所に見事な彫刻が見られる

神様も庶民も喜んだ
夏祭りの山車を展示

5 はなももプラザ《はなももぷらざ》

雀神社の夏祭りで使用された古河屋台（山車）を展示。昭和40年代（1965～1974）までは各町が当番制で市中を曳き回し、屋台の上で歌舞伎、手品、漫才などが披露された。

8時30分～22時／不定休／入館無料／茨城県古河市横山町1-2-20／☎0280-21-1255

土井家の名家老
鷹見泉石を弔う

⑥ 正麟寺《しょうりんじ》

戦国時代に武田信玄と信州の覇を争った小笠原家ゆかりの寺。寺号は天正18年(1590)に古河城主となった小笠原秀政の祖父・長時の法号から命名されたと伝わる。墓所には幕末の古河藩家老・鷹見泉石の墓がある。

茨城県古河市横山町3-6-9

文久元年(1861)に建立された道標。小山霞外、梧岡(ごこう)、遜堂(そんどう)と親子孫3代の書家が揮毫した

上／宗派は曹洞宗。山門から本堂まで一直線の参道が伸びている　右／鷹見泉石の墓は市指定文化財

塩をいただき
病気平癒を願う

⑦ 塩滑地蔵《しおなめじぞう》

病気や怪我をした庶民が病気平癒を祈願した地蔵尊。堂前に置かれた塩を体の具合が悪い部分に塗ると回復すると信じられる。御利益を授かった時は、お礼に塩を奉納する。

茨城県古河市松並2-16-26

右／細長い参道の奥に堂宇が立つ
左／千羽鶴や写真、花に囲まれた塩滑地蔵

左／社殿前にフクロウ像が立つ　中／本殿の彫刻は必見　右／江戸時代の画家・谷文晁が描いた「黒馬繋馬図絵馬（こくばけいばずえま）」

緑豊かな境内に
フクロウも暮らす

8 野木神社《のぎじんじゃ》

およそ1600年前に建立。延暦21年（802）に征夷大将軍・坂上田村麻呂が蝦夷（えみし）征討の戦勝祈願を行い、その成功の礼として現在地に宮地を定め、社殿を新築したという。

栃木県下都賀郡野木町野木2404

ひと足延ばして ここもチェック！

野木町は知る人ぞ知る煉瓦の町。
明治中期に最先端の煉瓦窯を設け、
大量の赤煉瓦を供給して、
日本の近代化に貢献した。
当時の煉瓦窯は現存し、
見学できる。

上／地元ボランティアによるガイドもある　左／ヘルメット着用で内部も見学できる

野木町煉瓦窯

野木町煉瓦窯の正式名称は「旧下野煉化製造会社煉瓦窯」といい、明治23年（1890）6月に完成した。16室の焼成室が円形に並び、順々に火を入れるので、ほかの焼成室では窯詰や冷却、搬出などの作業ができ、効率よく煉瓦を製造できた。

火入れは約23日で1周し、16室で約22万個を製造。最盛期はもう1つ同じ規模の煉瓦窯があり、年間約600万個を製造したという。大正12年（1923）の関東大震災から煉瓦需要は激減し、昭和46年（1971）に操業を終了したが、建物は大切に守られた。昭和54年（1979）に国指定重要文化財になり、修復工事を終えて、平成28年から一般公開している。

9時～17時／月曜（祝日の場合は翌日）休／入館100円／栃木県下都賀郡野木町野木3324-1／☎0280-33-6667

明治には最初の
村役場が置かれた

10 法音寺《ほうおんじ》

応永2年（1395）創建の古刹。山門の左脇に芭蕉が『野ざらし紀行』で詠んだ「道ばたの 槿（むくげ）は馬に 喰われけり」の句碑がある。句碑は安永9年（1780）建立。

栃木県下都賀郡野木町友沼962

山門脇に立つ
芭蕉の句碑

真言宗豊山派の寺。明治22年（1889）に町村制が施行されると境内に最初の村役場が置かれた

野木宿の記憶を
伝える貴重な遺構

9 野木宿道標《のぎじゅくどうひょう》

「是より大平山道」とあり、大平山神社（栃木市）の参詣道を案内したと考えられる。一般的に道標は道案内だけでなく、村への悪疫侵入を防ぐ道祖神的な信仰も込められていた。

文字が大きく彫りも深いので判読しやすい

ケヤキなどの大木が
心地よい緑陰を作る

11 友沼八幡神社《ともぬまはちまんじんじゃ》

歴代の将軍は古河城を出発した後、この神社の境内に立つ西運庵（せいうんあん）で最初の休憩をとった（運西庵と記した絵図もある）。江戸時代は遠く筑波山も望め、景勝地として人気があった。

栃木県下都賀郡野木町友沼912

右／将軍の休憩所となり、小さな祠から立派な社殿に変わったという
左／社殿の奥に推定樹齢550年の大ケヤキが立つ

神仏習合の名残
神社に大日如来像

⑫若宮八幡神社(大日如来坐像)《わかみやはちまんじんじゃ(だいにちにょらいざぞう)》

凜々しい顔立ちの大日如来坐像が境内に佇む。宝永6年(1709)に江戸湯島の渡戸九兵衛が、父母の供養のために故郷の寒沢地区に建立した。

栃木県小山市乙女805

右上／若宮八幡神社の質素な社殿
上／長く露座で「濡れ仏」ともいわれたが、平成11年に覆屋が立てられた

石造りの鳥居は
江戸時代の建立

⑬乙女八幡宮《おとめはちまんぐう》

鎌倉時代の創建と伝わり、乙女河岸の商人たちにも信仰された。船問屋の山中家が奉納した日本刀(銘正宗)は小山市立博物館に展示されている。毎年10月1日の例祭では子ども相撲が開催されている。

栃木県小山市乙女1343

元禄16年(1703)建立の石鳥居

本殿には祭神・誉田別命(ホンダワケノミコト)が祀られる

江戸と小山を結ぶ
河川交通の要所

⑭乙女河岸跡《おとめがしあと》

思川に設けられた河岸(船着場)の1つ。上河岸、中河岸、下河岸と呼ばれた3軒の問屋があった。元和2年(1616)から日光東照宮の造営が始まると、御用船で運ばれた資材はここで陸揚げされた。

昭和に引き上げられた石柱。黒田長政が東照宮に寄進した大鳥居の一部と考えられる

乙女河岸の案内板

船乗りたちのかけ声が聞こえてきそうな乙女河岸の模型

豊富な資料を通して 小山の歴史を知る

⑮小山市立博物館

おやましりつはくぶつかん

常設展示は「小山の文化のあゆみ」がテーマ。約320点の実物・複製資料のほか、写真パネル、模型などを使い、旧石器時代から近代までの歴史をわかりやすく解説する。年数回、有料の企画展を開催。

9時～17時／月曜（祝日の場合は翌日）・第4金曜（祝日の場合は振替休）・祝日の翌日（土・日曜は開館）休／常設展無料／栃木県小山市乙女1-31-7／☎0285-45-5331

近世コーナーでは江戸時代の高札を展示

右／タイル張りの外観が目を引く施設は2階建て
左／機織り機や民具などで農家の暮らしを紹介

Course No.

10

間々田 ▶ 小山

龍神信仰が残る宿場は日光街道の中間点

歩行距離 約12.9km

約3時間10分

歩数 約1万7200歩

Start 間々田駅

JR東北本線

▼

1 乙女不動原瓦窯跡

▼

4 逢の榎

▼

8 間々田八幡宮

▼

10 安房神社

▼

11 持宝寺

▼

12 須賀神社

▼

Goal 小山駅

JR東北新幹線

東北本線

水戸線

両毛線

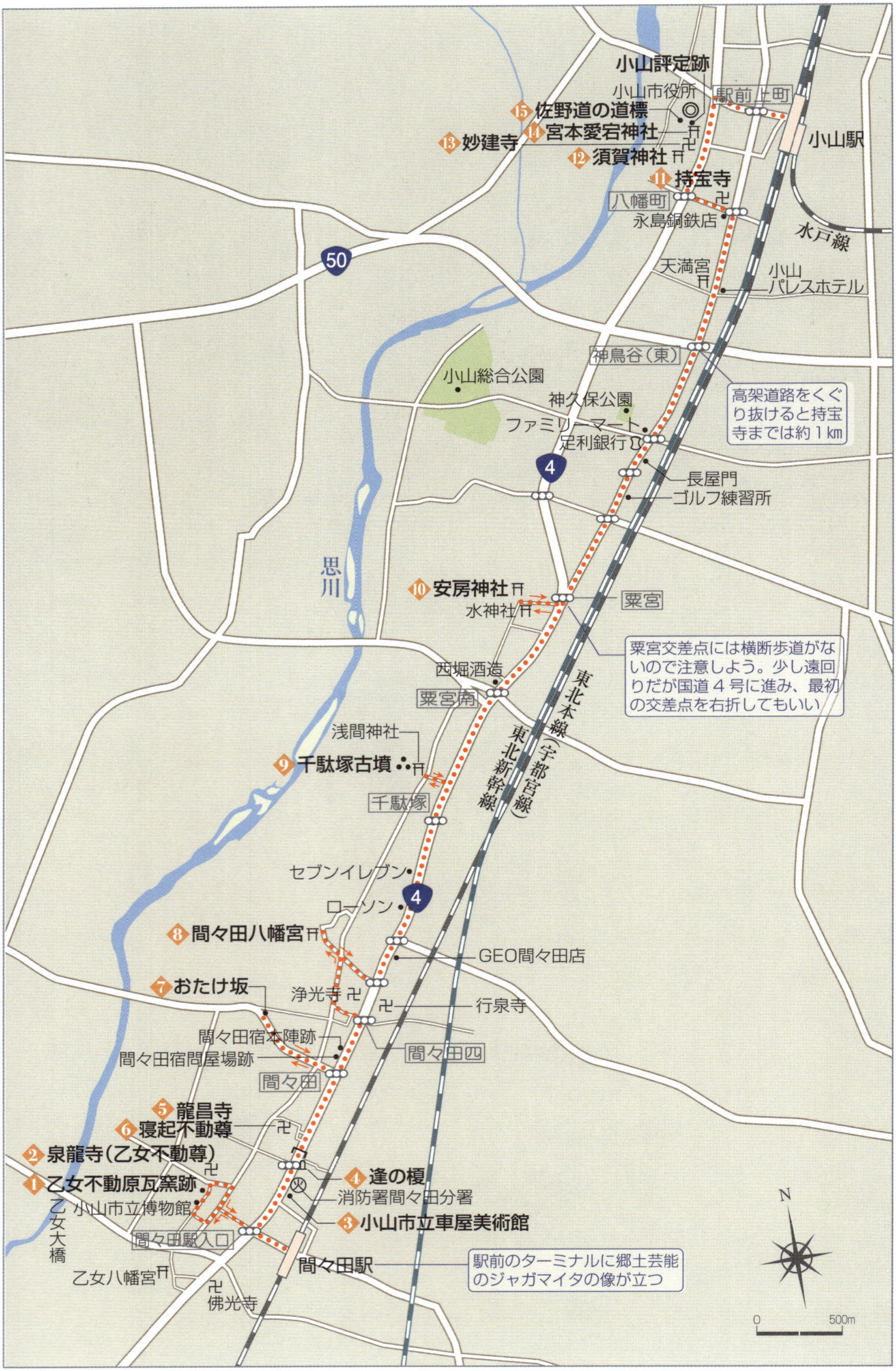

小山評定跡
小山市役所
駅前上町
小山駅
15 佐野道の道標
14 宮本愛宕神社
13 妙建寺
12 須賀神社
11 持宝寺
八幡町
永島銅鉄店
水戸線
50
天満宮
小山パレスホテル
神鳥谷（東）
高架道路をくぐり抜けると持宝寺までは約１㎞
小山総合公園
神久保公園
ファミリーマート
足利銀行
4
長屋門
ゴルフ練習所
思川
10 安房神社
水神社
粟宮
粟宮交差点には横断歩道がないので注意しよう。少し遠回りだが国道４号に進み、最初の交差点を右折してもいい
西堀酒造
粟宮南
東北本線（宇都宮線）
東北新幹線
浅間神社
9 千駄塚古墳
千駄塚
セブンイレブン
4
ローソン
8 間々田八幡宮
GEO間々田店
7 おたけ坂
浄光寺
行泉寺
間々田宿本陣跡
間々田宿問屋場跡
間々田四
間々田
5 龍昌寺
6 寝起不動尊
2 泉龍寺（乙女不動尊）
1 乙女不動原瓦窯跡
4 逢の榎
消防署間々田分署
小山市立博物館
3 小山市立車屋美術館
乙女大橋
間々田駅入口
間々田駅
駅前のターミナルに郷土芸能のジャガマイタの像が立つ
乙女八幡宮
佛光寺
N
0
500m

個性的な社寺を巡り
出世・開運のまちへ

間々田という地名は、戦国時代の飯田《まんまだ》が起源という。その後、表記は「まま田」になり、日光街道が整備されると江戸ー日光間の中間に位置することから「間々田」と表記されるようになる。

つまり、日光街道の旅もここから後半戦だ。天保14年（1843）の記録では、間々田宿には947人が暮らし、175軒（そのうち本陣と脇本陣が各1軒、旅籠50軒）の家があったようだ。

間々田駅から旧日光街道を通り過ぎ、小山《おやま》市立博物館に隣接する❶乙女不動原瓦窯跡を訪ねる。奈良時代、傾斜地に設けた平窯で瓦を生産していた。奈良・東大寺、福岡・観世音寺とともに「三戒壇」とされた下野市の薬師寺はここの瓦を使用している。

向かいに立つ❷泉龍寺（乙女不動尊）を詣でて、旧日光街道に戻る。豪商・小川家の邸宅を改修した❸小山市立車屋美術館を過ぎると❹「逢の榎」と刻まれた石碑がある。昔は2本のエノキが立ち、旅人の目印になったそうだ。道は緩やかな上りになり、歩道橋を越えると、左側に❺龍昌寺の参道入口がある。白い石畳がまっすぐに伸び、朱塗りの山門奥に本堂と❻寝起不動尊が見えた。

草木染めの絹糸を手間暇かけて編んでいく組紐「間々田紐」の店舗を左に見つつ、先に進む。間々田4丁目交差点を左に曲がり、道なりに10分も歩くと小さな森が見え、その中に❽間々田八幡宮が鎮座している。毎年5月5日、境内を中心に行われる「間々田のジャガマイタ」（P106参照）は関東の奇祭として知られ、国の選択無形民俗文化財に指定されている。

❾千駄塚古墳を経て、粟宮南交差点に着くと重厚な白壁平屋造りの蔵が目にとまる。明治5年（1872）創業の西堀酒造で、直売所では「若盛」「門外不出」などの日本酒を販売している。

少し先の❿安房神社は国道からわずか200mほど入っただけなのに、豊かな自然林へと景色が激変する。水神様を祀った池もあり、小休止にはもってこいだ。

粟宮交差点のY字路を右に進んで国道4号と別れる。時折、古い瓦屋根の民家やよく手入れされた長屋門などが見られるが、進むほどに車の通行量が増えていき、町並みも現代的になっていく。

国道50号をくぐり、永島銅鉄店が目印となる交差点を左折すると、⓫持宝寺の鐘楼門が見える。現在は何もないが、永島銅鉄店あたりに小山の一里塚があったそうだ。この先も⓬須賀神社、⓭妙建寺などの見どころがまだまだ続く。のんびりと見て歩こう。

瓦生産の遺跡を整備
小山市初の史跡公園

1 乙女不動原瓦窯跡《おとめふどうはらかわらかまあと》

瓦専用の平窯、地中の粘土溜めや工房など瓦生産の全容を伝える貴重な遺跡で、昭和53年(1978)に国指定史跡になった。下野薬師寺をはじめ、周辺の大寺院はここで製造された瓦を使用した。

栃木県小山市乙女1-126-1

一帯は平成10年から「乙女かわらの里公園」として一般開放されている

上／土の広場では粘土の保管や調合、熟成などの作業が行われ、工人の家もあった
左／出土した瓦の複製品を使った案内板

疫病に苦しむ人々を
清水で救ったと伝わる

2 泉龍寺（乙女不動尊）《せんりゅうじ(おとめふどうそん)》

境内の乙女不動尊は、ある僧が中禅寺湖に出現した尊像を背負い、この地に安置したと伝わる。疫病が蔓延した時、人々が祈ると清らかな泉を湧き、病が癒えたという。北関東三十六不動尊霊場の1つ。

栃木県小山市乙女1-25-8

右上／不動堂前に立つ鐘楼門　右下／尊像を水で清めれば御利益があるという水洗い乙女不動尊　左／本堂には大日如来が祀られる

小川家の屋号は車屋。鉄道が敷かれると乙女河岸から現在地に拠点を移した

乙女河岸の繁栄を
伝える豪商の屋敷

3 小山市立車屋美術館《おやましりつくるまやびじゅつかん》

明治時代末期、乙女河岸から日光街道沿いに移り、肥料問屋を開いた小川家の邸宅を公開。母屋は2階建てで、1室のみ洋室にしてある。旧米蔵に美術品、肥料蔵に小川家の資料を展示する。

9時～17時／月曜(祝日の場合は翌日)・第4金曜(祝日の場合は開館)・祝日の翌日(土・日曜は開館)休／小川家住宅100円(美術館は展示内容で異なる)／栃木県小山市乙女3-10-34／☎0285-41-0968

右／朱塗りの山門は歴史を感じる木造だ
左／本尊の釈迦如来を祀る本堂

縁結びの願掛けでも
人気があった

4 逢の榎《あいのえのき》

昭和40年（1965）の台風で倒れるまで樹齢300年以上、高さ6間（約11m）もある2本のエノキが絡み合うように立っていた。木の脇には小さな祠があり、恋愛成就の御利益があると信じられた。現在のエノキは2代目。

例幣使が旅の目安に植えたともいわれる

日光廟へ向かう
家光の棺を安置した

5 龍昌寺《りゅうしょうじ》

慶長11年（1606）に華翁玄芳（かおうげんぼう）禅師が開いた曹洞宗の寺。慶安4年（1651）3代将軍・徳川家光の遺骸を日光廟に移す際は、本堂脇に棺を安置する建物を新築した。

栃木県小山市間々田1320

春はツツジの花で彩られる鐘楼堂。寝起不動尊の向かいに立つ

本尊は33年毎に開帳（次回は２０４０年）。

自分を運んだ僧を労い
健康を授けたお不動様

6 寝起不動尊《ねおこしふどうそん》

龍昌寺境内に立つ。本尊の不動明王は模庵（もあん）和尚が水戸城内の龍江院から運んだと伝わる。衰弱した和尚は寝込むが、枕元に現れた不動明王の力で元気になり床払いできたことから「寝起不動尊」と呼ばれた。

栃木県小山市間々田1320

旅籠の娘と使用人の
悲しい伝説が残る

7 おたけ坂《おたけざか》

語り伝えでは、旅籠の娘・おたけは親の決めた縁談を断り切れず、恋人の佐平と夜逃げする。しかし、この坂で捕まり殺される。地元の人は2人を弔い、おたけ坂と命名した。

坂は間々田小学校の近くにあり、案内板も立つ

右上／子ども相撲が奉納される境内の土俵
右下／嘉永6年(1853)建立の芭蕉句碑
左／日光東照宮の改修を手がけた職人による彫刻が見られる拝殿

多くの武将も祈願した
創建1300余年の古社

8 間々田八幡宮《ままだはちまんぐう》

天平年間(729〜749)の勧請と伝わる。天慶2年(939)、平将門の乱が起こると下野国の武将・藤原秀郷はここで戦勝祈願し戦いに望んだ。後年、源頼朝も戦勝祈願している。毎年9月に豊作祈願の奉納相撲が行われる。

栃木県小山市間々田2330-1

お耳拝借 6

omimihaisyaku

❖間々田のジャガマイタ

毎年5月5日、間々田地区では400年続く奇祭「間々田のジャガマイタ(蛇まつり)」が行われる。釈迦の誕生時に八大竜王が祝福の甘露を降らせた故事に始まる龍神信仰で、7町会で造った龍頭蛇体(りゅうとうじゃたい)が各町内を練り歩き、ほどよい風雨と悪病退散を願う。

当日は間々田八幡宮に7匹の龍頭蛇体が集まり、お祓いを受けた後、境内の池でたっぷり水を飲み、各町内に繰り出す。担ぎ手は「蛇(じゃ)がまいた、蛇がまいた」と叫びながら歩く。「まいた」は「参った」またはトグロを「巻いた」の意味らしい。夕方になると間々田小学校の校庭に再集合し、土煙を上げながら体をぶつけ合う「ジャモミ」が始まり、祭りはクライマックスを迎える。

間々田八幡宮の「水飲みの儀」は見どころの1つ

龍頭蛇体は各町で顔や体が違う

うっそうとした
樹木に守られた円墳

9 千駄塚古墳《せんだづかこふん》

6世紀に造られたと考えられる大型の円墳。墳丘の直径は約70m、高さ約10mで、頂上に浅間神社を祀ることから「浅間山古墳」とも呼ばれる。昭和32年(1957)に県の史跡に指定されている。

栃木県小山市千駄塚

右/頂上に浅間神社を祀るため入口には石の鳥居が見られる　左/参道脇に雷電神社と山神社を祀る合社が立つ

上/池の島に水神様が祀られる　右上/市天然記念物のモミ群落を含む自然林の中に社殿はある　右/木造の歴史ある鳥居

年1回「岩戸開き」の
神楽が奉納される

10 安房神社《あわじんじゃ》

平安時代にまとめられた『延喜式』に名を連ねる古社。起源は、千葉の安房神社を勧請したという。春の例祭には神楽殿で太々神楽が奉納される。11月にはアワガラ神輿渡御を行う。

栃木県小山市粟宮1615

徳川吉宗が休憩した奈良時代からの古刹

11 持宝寺《じほうじ》

奈良時代の僧・弓削道鏡（ゆげどうきょう）が開いたと伝わる。享保13年（1728）に8代将軍・徳川吉宗が日光社参した際は、歴代将軍が休憩した小山御殿が取り壊されていたため、この寺で休息した。

栃木県小山市宮本町2-13-15

上／本堂前は石庭風になっている
右下／木造の鐘楼門。柱に「弓削道鏡根本開基寺」と記されている
右／第2次世界大戦中の供出を逃れた江戸時代の梵鐘

徳川家光が奉納した朱神輿は必見！

12 須賀神社《すがじんじゃ》

天慶3年（940）、将門の乱を平定した藤原秀郷が京都の八坂神社から御分霊を勧請したのが始まり。徳川家康が境内で小山評定を開き、参籠して関ヶ原の戦勝祈願をした。その後、家康から51余石の社領が寄進された。

栃木県小山市宮本町1-2-4

左／平成8年竣工の神門　右下／3代将軍・徳川家光が東照宮本殿を造営した職人に造らせた朱神輿（あかみこし）
左下／拝殿の向拝は唐破風になっている

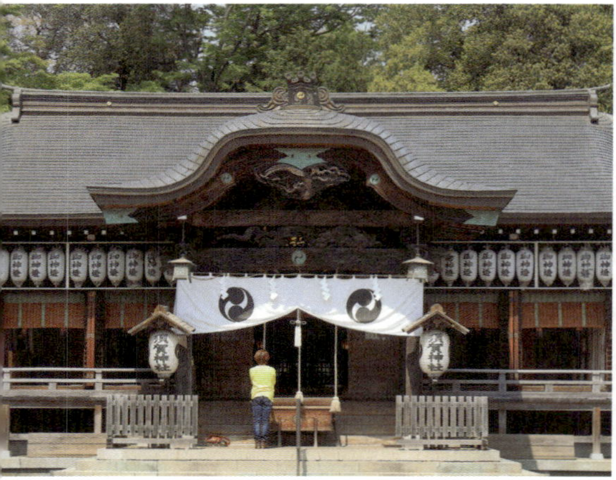

樹齢600年の御神木
大ケヤキが目を引く

⑭宮本愛宕神社《みやもとあたごじんじゃ》

康暦元年（1379）に小山城主・小山義政が五穀豊穣や火伏せ、万民の家内守護を願い、山城国愛宕郡から勧請した。高さ約24mに成長した境内の大ケヤキはこの時に植えられたという。

栃木県小山市宮本町1-1

社殿には火産霊命（ホムスビノミコト）が祀られる

山門は明治時代に建てられた

本堂の格天井には
百人一首が描かれる

⑬妙建寺《みょうけんじ》

日蓮聖人が認めた6人の高弟「日蓮宗六老僧」のひとり、日頂（にっちょう）聖人に弟子入りした日念が、建武元年（1334）に開いた寺。享保2年（1717）に再建した本堂の格天井には百人一首の絵が描かれている。

栃木県小山市宮本町1-1-17

本堂は完成から一度も火災に見舞われていない

小山文化センター南側の清水坂を
下ったところにある

石畳の坂に佇む江戸時代の石塔

⑮佐野道の道標《さのどうのどうひょう》

寛政12年（1800）建立の庚申塔で、道標の役目も担い「左佐野道 右栃木道」と書かれている。小山宿から思川の船渡しへ至る道にあり、昔はエノキの大木が脇に立っていた。現在は道標だけが残されている。

小《お》山《やま》評《ひょう》定《じょう》

**小山市のキャッチフレーズは開運のまち。
日本の行く末を決定づけた
2つの出来事が起きている。
1つは鎌倉幕府誕生の礎となる野木宮の合戦。
そして、もう1つが小山評定だ。**

左／須賀神社境内の小山評定之碑。
右／小山市役所の石碑。
開運のまちのシンボルになっている

慶長3年(1598)に豊臣秀吉が死去すると、嫡男の秀頼は幼いため、徳川家康、前田利家、毛利輝元、小早川隆景、宇喜多秀家の五大老と、石田三成、浅野長政ら五奉行に政権運営は任された。

家康は圧倒的な武力と財力を背景に、豊臣家が定めた約束事を次々に破り、天下取りに動き出し、次第に五奉行や他の大名と対立するようになる。そして、慶長5年(1600)、上洛を拒む会津の上杉家を征伐するために、家康は軍勢を率いて小山まで来た。

すると、石田三成らが上方で家康を打倒すべく挙兵したことを知る。家康の軍勢は秀吉に育てられた福島正則を筆頭に、黒田長政、池田輝政、細川忠興など、豊臣家譜代の武将が多く、妻子を人質に取られている。

ここで家康は勝負に出る。諸将を集めて、軍議を開いたのだ。これが世に言う「小山評定」だ。家康は妻子が心配な者や三成に味方したい者がいれば、遠慮なく陣を去っても構わないと言い放つ。誰もが口をつぐむ中、福島正則が真っ先に家康のために命を投げ出すことを約束。次に黒田長政が賛同した。

そして山内一豊は、人馬、兵糧はもちろん、居城の掛川城まで明け渡して味方する、と発言する。これが決め手となり、諸将は石田討伐で団結し、関ヶ原の合戦へとつながっていく。

山内は家康から評定での発言を「古来より最大の功名なり」と絶賛され、合戦後に土佐一国を与えられる。家康もこの合戦により江戸幕府成立への道筋をつける。2人にとって、小山は「開運のまち」となったわけだ。

運命の小山評定はどこで開かれた?

小山評定が開かれた場所は諸説ある。現在、「史跡小山評定跡」の石碑が小山市役所の玄関前に立つのは、隣接の小山御殿広場で家康が本陣を置いたと考えられるからだ。また、須賀神社の境内とする説もあるので、想像しながら歩いてみるのも楽しい。

評定後、軍勢は陸路で西に向かうが、家康は乙女河岸から船に乗り、江戸城に戻っている。『徳川実記』によると8月4日の早朝に発ち、5日には江戸城に入ったとある。これが吉例となり、乙女河岸が東照宮資材の陸揚げに使われたともいわれている。

毎年10月に開催する「おやま開運まつり」では、市民劇団によって小山評定の再現劇が披露される。小学生の武者パレードもあるので、日程を合わせて訪れてみるのもいいだろう。

家康が本陣を張ったとされる
小山御殿広場

Course No. 11

小山 ▸ 小金井

400年続いた名門小山氏の拠点を歩く

歩行距離 約10.8km

約2時間40分

歩数 約1万4400歩

Start 小山駅
JR東北新幹線
東北本線
水戸線
両毛線

↓

1 常光寺

↓

3 城山公園

↓

5 光照寺

↓

7 天翁院

↓

9 新田宿本陣跡

↓

10 橿原神社（星宮神社）

↓

Goal 小金井駅
JR東北本線

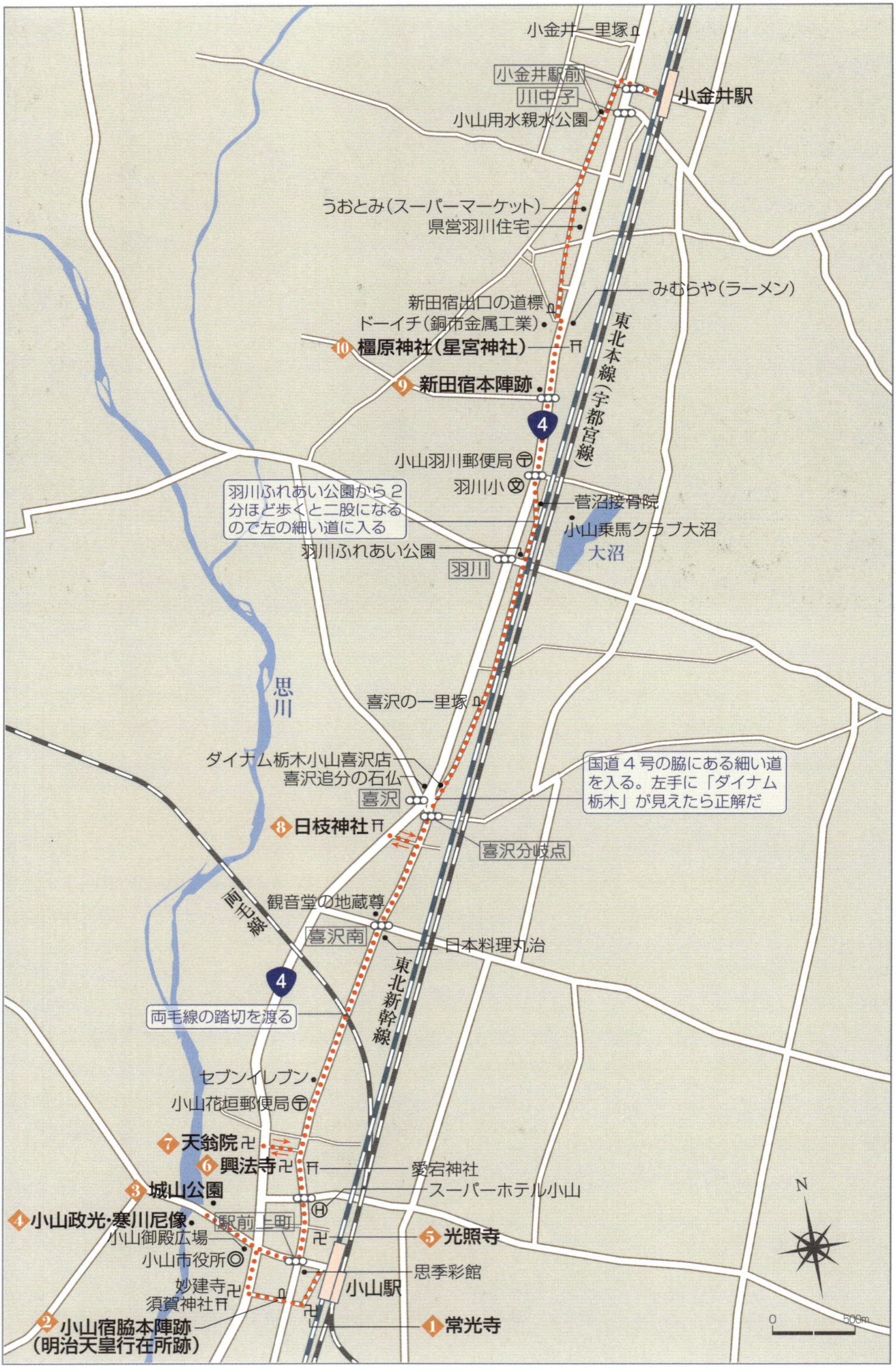

小金井一里塚
小金井駅前
川中子
小金井駅
小山用水親水公園
うおとみ（スーパーマーケット）
県営羽川住宅
みむらや（ラーメン）
新田宿出口の道標
ドーイチ（銅市金属工業）
10 橿原神社（星宮神社）
東北本線（宇都宮線）
9 新田宿本陣跡
4
小山羽川郵便局
羽川小
菅沼接骨院
羽川ふれあい公園から２分ほど歩くと二股になるので左の細い道に入る
小山乗馬クラブ大沼
大沼
羽川ふれあい公園
羽川
思川
喜沢の一里塚
ダイナム栃木小山喜沢店
喜沢追分の石仏
喜沢
国道４号の脇にある細い道を入る。左手に「ダイナム栃木」が見えたら正解だ
8 日枝神社
喜沢分岐点
両毛線
観音堂の地蔵尊
喜沢南
日本料理丸治
東北新幹線
4
両毛線の踏切を渡る
セブンイレブン
小山花垣郵便局
7 天翁院
6 興法寺
愛宕神社
3 城山公園
スーパーホテル小山
4 小山政光・寒川尼像
駅前三町
小山御殿広場
5 光照寺
小山市役所
思季彩館
妙建寺
小山駅
須賀神社
2 小山宿脇本陣跡（明治天皇行在所跡）
1 常光寺
N
0
500m

城下町の先に待つは日光街道最小の宿場

小山《おやま》駅西口から❶常光寺、❷小山宿脇本陣跡（明治天皇行在所跡）を巡り、❸城山公園へ向かう。ここで知っておきたいのが、この地を治めた小山氏のことだ。平安時代、東国一の武将となった藤原秀《ひで》郷《さと》の子孫・太田政光が移り住み、小山姓を名乗ったのが始まりという。

早くから源頼朝に加勢し、寿永2年（１１８３）の野木宮合戦では、頼朝を苦しめた志田義広（頼朝の叔父）に勝利。頼朝は平家打倒に専心でき、鎌倉幕府を開くと小山氏を御家人にした。その後、勢力は弱まり、豊臣秀吉が天下を統一すると領地を没収され、大名の歴史に幕を閉じた。

小山駅西口から徒歩10分の城山公園は小山氏の居城・祇園城跡。近くの思川の土手には❹小山政光・寒川尼像が立ち、公園北側の❼天翁院には小山氏の墓もある。

江戸時代になると家康の側近だった本多正純が領主となり、城の拡充と城下町の整備を始める。その時、❻興法寺などの古刹も移転を迫られている。元和5年（１６１９）に正純は宇都宮に移るが、3年後に将軍家の休息所「小山御殿」が完成した。

旧日光街道を北に向けて歩き出す。両毛線の踏切を渡り、喜沢南交差点を渡ると、すぐ左に4階建てのアパートが見える。裏側の細い路地を行くと墓地があり、観音堂の前に十九夜塔と地蔵尊が並んでいる。地蔵尊には「右へ奥州海道、左へ日光海道」とあり、道標だったことがわかる。建立は享保3年（１７１８）。実はその2年前に幕府は「日光道中」を正式名称にした。ただの間違いか、幕府の触れが徹底されなかったか。興味深いところだ。

❽日枝神社に寄り、喜沢分岐点交差点へ。昔は「喜沢の追分」と呼ばれ、左の壬生道を行くと壬生宿、鹿沼宿などを経て、今市宿に抜けた。芭蕉と曽良は「室の八島」（栃木市・大神《おおみわ》神社）を詣でるため、ここから壬生道に進んだ。

県道２５６号に並行する細い通りに入り、住宅地を進むと左手に小さな雑木林が現れる。その中の土山は喜沢の一里塚といわれている。

東北新幹線の線路を見上げながら、しばらく歩き国道4号に合流。このあたりに日光街道で最小の宿場・新田宿があった。❾新田宿本陣跡、❿橿原神社（星宮神社）を過ぎ、「ドーイチ」（銅市金属工業）看板を目印にして旧日光街道へ。国道と並行しながらも、こちらは住宅街なので、車の通行量は少ない。小山用水親水公園を過ぎたら、2つ目の十字路を右へ進めば小金井駅に到着だ。

右上／山門前の通りは三夜通りと呼ばれた　右下／明治に町役場が置かれた歴史もある　右／二十三夜堂　下／優しい表情の六地蔵尊

戊辰戦争の弾痕が残る
仏像は毎月23日に開帳

1 常光寺　じょうこうじ

鎌倉時代に創建した浄土宗の寺。東日本大震災後、二十三夜堂に移された青銅製の阿弥陀如来像の台座には、戊辰戦争で受けた弾痕が残っている。毎月23日に開帳される。

栃木県小山市中央町3-11-28

駅前上町交差点近くに立つ「小山市まちの駅 思季彩館（しきさいかん）」では特産品や弁当の販売ほか、昼食も提供する

明治天皇も休憩された
小山宿の脇本陣跡

2 小山宿脇本陣跡（明治天皇行在所跡）

おやましゅくわきほんじんあと（めいじてんのうあんざいしょあと）

小山宿は北から上町、中町、下町で構成され、本陣と脇本陣は中町にあった。現在も玄関が残されている脇本陣は、明治8年（1875）明治天皇の東北巡幸では行在所に使われた。

栃木県小山市乙女1-25-8

左の石碑は大正14年（1925）に建立した

小山氏の栄枯盛衰を見守り続けた居城跡

③城山公園《しろやまこうえん》

小山氏の居城で、徳川家の重臣・本多正純が拡充した祇園城の跡地。城の名前は京都の祇園牛頭(ごず)天王社(八坂神社)を城内に勧請したことに由来。二の丸と曲輪(くるわ)は空堀で分けられ、橋が架かっていた。

栃木県小山市城山町1-1

空堀に架かる祇園橋

思川を望む高台にある

落城の際に井戸へ身投げした姫の霊が宿り、実を結ばなくなったと伝わる大イチョウ

戊辰戦争で戦死した笠間藩士が眠る

⑤光照寺《こうしょうじ》

永仁5年(1297)創建と伝わる時宗の寺。明治の戊辰戦争では、大鳥圭介率いる旧幕府軍と宇都宮から南下した新政府軍が小山宿で戦った。境内には新政府軍に付いた笠間藩士の墓が立っている。

栃木県小山市城山町3-6-10

上／笠間藩士・海老原徳教の墓
左／本堂近くには時宗開祖・一遍上人像が立っている

寒川尼は頼朝から「女性たりとも大功あり」と称賛され、下野国寒川郡・網戸郡の地頭に任じられた

仲睦まじく寄り添い思川を眺める

④小山政光・寒川尼像《おやままさみつ・さんがわにぞう》

小山氏の祖・政光と妻・寒川尼の石像が思川の土手に立つ。寒川尼は源頼朝の乳母(めのと)といわれ、頼朝が伊豆で挙兵すると留守の政光に替わり、息子の朝光(ともみつ)を連れて駆けつけた。

小山氏も信仰した
天台宗の名刹

6 興法寺《こうぼうじ》

第3代天台座主・慈覚大師が嘉祥2年(849)に建立した妙楽院が起源と伝わる。小山氏代々の祈願所として城内に置かれたが、江戸時代に移転した。本尊の阿弥陀三尊像は県指定文化財。

栃木県小山市本郷町2-7-37

木造の歴史ある山門。参道には
サクラの古木が並び、春はピンク色に染まる

祇園城跡の一角に立つ
小山氏の菩提寺

7 天翁院《てんのういん》

久寿2年(1155)、小山政光の開基と伝わる。文明4年(1472)に城主・小山高朝(たかとも)が曹洞宗の僧・培芝正悦(ばいししょうえつ)を中興開山の師に迎え、北山(中久喜地内)から現在地に移した。

栃木県小山市本郷町1-9-41

「海道」の文字が刻まれた
観音堂の地蔵尊

上／本尊の釈迦如来を祀る本堂。寺号は高朝の法名からとられた　下右／禅寺らしく門には不浄の侵入を禁ずる言葉が　下左／小山氏の墓所

右／自然石に「男體山」と書かれた石碑。道標も兼ねている
上／土塁を背に立つ日枝神社の社殿

祇園城の出城跡に
小さな神社が集まる

8 日枝神社《ひえじんじゃ》

創建年代は不詳。大山咋命（オオヤマクイノカミ）を祭神とする日枝神社のほか、境内に野田神社、大国神社なども立つ。社殿の背後には祇園城の出城跡と考えられる土塁が見られる。

栃木県小山市喜沢1239

喜沢の追分には馬頭観音（中央）の石塔や仏像などが立つ

喜沢の一里塚は雑木林が始まってすぐのところにある

高さ30m以上、推定樹齢400年以上。市の天然記念物でもあるケヤキの大木3本が並ぶ参道

日光街道の中では
一番小さな宿場

9 新田宿本陣跡

しんでんじゅくほんじんあと

全長約400mの小さな宿場で、現在の国道4号合流点から「銅市金属工業」辺りにあった。天保14年（1843）の記録では家数59軒（そのうち本陣と脇本陣が各1軒、旅籠11軒）で、人口244人だった。

栃木県小山市羽川410

新田宿本陣を務めた青木家の門。当時の建坪は82坪、門構え、玄関付きの家だった

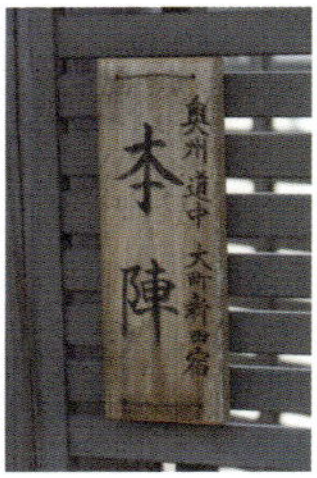

新田宿は小山藩、宇都宮藩、古河藩、天領と所有が何度も変わった

参道沿いに桜が並ぶ
隠れた花の名所

10 橿原神社（星宮神社）

かしはらじんじゃ（ほしみやじんじゃ）

明治5年（1872）に地元の要望で神武天皇を祭神とする橿原神社になった。それ以前は無限の智恵を持つ虚空蔵菩薩（こくうぞうぼさつ）を祀る星宮神社で、八坂神社、琴平神社とともに今も社は残っている。

栃木県小山市羽川429

本殿は明治時代に焼失し、大正3年（1914）に再建した

右／国道脇に立つ白い鳥居が目印
左／参道は桜並木で、散り始めるとピンクの花絨毯を敷き詰めたような景観になる

銅市金属工業の近くに立つ新田宿出口の道標。文字のみや青面金剛を象ったものもある

Course
No.
12

小金井▶石橋

国の史跡・小金井の一里塚を見上げる

歩行距離 約8km

約2時間

歩数 約1万700歩

Start 小金井駅
JR東北本線
▼
1 小金井の一里塚
▼
3 慈眼寺
▼
4 金井神社
▼
5 小金井宿本陣跡
▼
6 蓮行寺
▼
7 石橋愛宕神社
▼
Goal 石橋駅
JR東北本線

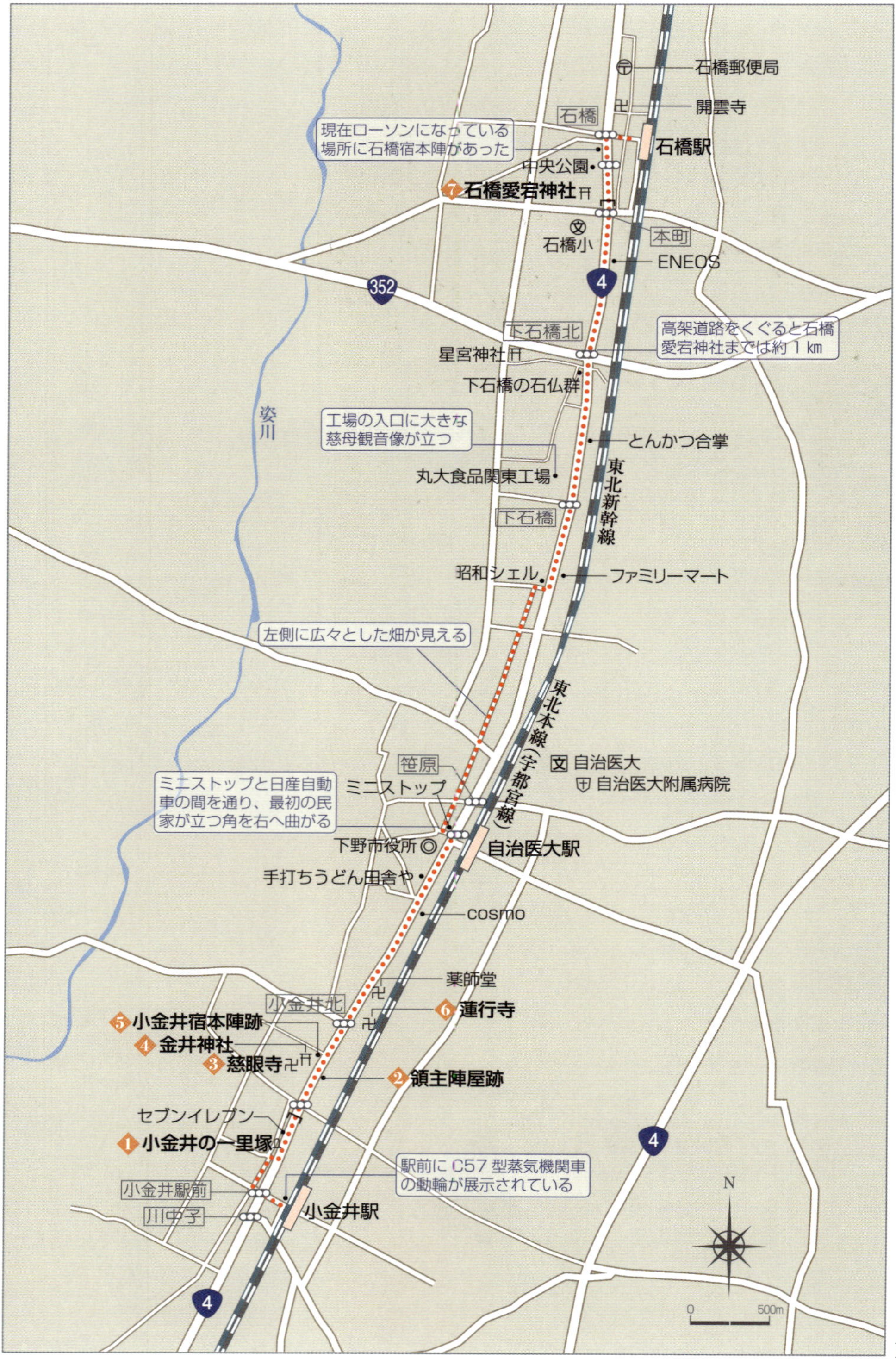
石橋郵便局
開雲寺
石橋
現在ローソンになっている
場所に石橋宿本陣があった
石橋駅
中央公園
7 石橋愛宕神社
本町
石橋小
ENEOS
352
4
下石橋北
高架道路をくぐると石橋
愛宕神社までは約１km
星宮神社
下石橋の石仏群
工場の入口に大きな
慈母観音像が立つ
とんかつ合掌
姿川
丸大食品関東工場
東北新幹線
下石橋
昭和シェル
ファミリーマート
左側に広々とした畑が見える
東北本線（宇都宮線）
自治医大
自治医大附属病院
笹原
ミニストップと日産自動
車の間を通り、最初の民
家が立つ角を右へ曲がる
ミニストップ
下野市役所
自治医大駅
手打ちうどん田舎や
cosmo
薬師堂
小金井北
6 蓮行寺
5 小金井宿本陣跡
4 金井神社
3 慈眼寺
2 領主陣屋跡
セブンイレブン
1 小金井の一里塚
駅前にC57型蒸気機関車
の動輪が展示されている
小金井駅前
川中子
小金井駅
4
4
N
0
500m

知るほどに魅力が増す
見どころが揃う

　小金井宿。何やら縁起の良い名前である。黄金が湧く井戸でもあるのだろうか。調べてみると大当たり。天保14年（1843）の『日光道中略記』によると、小金井宿の西側に小金井という名の池があったと記されている。

　この池は大干魃《だいかんばつ》に見舞われても枯れることなく、黄金が得られたとも。当然、池の周りには集落があったが、宿場の開設に伴って日光街道沿いに移された。残念ながら、池は国分寺運動公園になってしまい面影はない。

　小金井駅から国道4号の先を右に折れると、ほどなく❶小金井の一里塚に着く。旧道の両側、2つの塚がほぼ原形をとどめている。塚に植えられた巨木も立派だ。

　歩道橋が手前にある交差点を越え、少し歩くと右に❷領主陣屋跡の菅井製菓が見え、はす向かいに❸慈眼寺がある。江戸時代、境内に日光社参の将軍が休息する御成御殿《おなりごてん》があった。8代将軍・徳川吉宗は行きと帰りの両方で立ち寄り、昼食をとっている。よく見ると、本堂の屋根や境内の照明などに葵の御紋が見られた。

　慈眼寺に隣接する❹金井神社は本殿の彫刻が見事だ。建物は覆屋に守られ、壁の隙間から見学するため確認はできなかったが、彫刻には寄進者と思われる人物の名前が書かれているそうだ。人名が確認できる39人のうち、26人は女性というから珍しい。商家や旅籠で働く女性であろうか。

　屋敷門が残る❺小金井宿本陣跡と、その向かいにある蔵造りの商家を眺めながら、先に進む。商家は東日本大震災で漆喰壁と屋根瓦が落ちたため、歩道側に柵が設けてある。宿場の雰囲気を伝える貴重な建物だけに、1日も早く修復されることを願った。

　小金井北交差点を右に曲がると突き当たりに❻蓮行寺がある。日光社参では、宇都宮城主がこの寺まで足を運び、将軍を出迎えたらしい。

　国道に戻り、15分ほど歩くとガラス張りの下野市役所が左に見えてくれる。日産自動車とミニストップの間の路地を入り、最初の十字路を右に曲がる。住宅街と農地が続く細い通りだが、紛れもなくこの道が旧日光街道だ。

　のどかな道を25分ほど歩くとT字路になり、国道4号に戻る。トタン屋根の下に鎮座する9体の石仏群に手を合わせたら、国道352号の高架をくぐる。さらに、本町交差点を渡ると❼石橋愛宕神社に着く。普段は閑静な境内だが、毎年7月の「八坂祭」最終日には、大神輿の宮入りが行なわれ、活気であふれる。ここから石橋宿になる。まずは参拝し、先に進んだ。

小金井駅前に展示された
蒸気機関車の動輪

左右の塚が現存する
国指定史跡の一里塚

❶ 小金井の一里塚《こがねいのいちりづか》

日本橋から22番目の一里塚。当初の塚は四角形で、東側に松、西側はエノキを植えた。現在はどちらもエノキで、東側はクヌギも混在する。大正11年（1922）に国の史跡に指定された。

栃木県下野市小金井4-23-9

一里塚の大きさは直径約10m、高さ2.5m

大きな自然石を組み合わせた塀が印象に残る

飛地領の政務を行った
江戸時代の市庁

❷ 領主陣屋跡《りょうしゅじんやあと》

慈眼寺のはす向かい、菅井製菓の立つ地に佐倉藩の出張陣屋（でばりじんや）があったと考えられる。小金井宿の管理は壬生（みぶ）藩から幕府へと何度か変わり、佐倉藩領として明治時代を迎えた。

栃木県下野市小金井2985

右／境内に新旧の石仏が鎮座　左／明治16年（1883）の火災後に立てられた本堂。観音堂と鐘楼堂は江戸時代の建築

多くの僧侶が道場で修行した
歴史がある

❸ 慈眼寺《じげんじ》

建久7年（1196）に武将・新田義兼が建立。応永年間（1394～1428）に京都醍醐寺の俊海（しゅんかい）僧正の弟子、長宥（ちょうゆう）を迎え中興開山した。江戸時代には僧侶の学問と修行の道場になった。

栃木県下野市小金井1-26-2

日光街道沿いに大越家の屋敷門が見られる

問屋場や脇本陣とともに
中町に位置した

5 小金井宿本陣跡《こがねいしゅくほんじんあと》

小金井宿は上町、中町、下町で構成され、天保14年（1843）の記録では総家数165軒（そのうち旅籠43軒）。本陣の大越家は中町にあり、建坪140坪で門構え、玄関付きの屋敷だった。

栃木県下野市小金井1-26

江戸時代後期の
社殿彫刻は必見！

4 金井神社《かないじんじゃ》

宝暦4年（1754）に現在地へ遷座した小金井宿の鎮守。本殿は一間社三方入母屋造り。柱や壁などの見事な彫刻は、富田宿（栃木市大平町）を本拠とする磯部氏系統の彫刻師の作品といわれている。

栃木県下野市小金井1-26-16

上／明治まで社号は星宮神社だった　下／彫刻はケヤキを用いた素木造りで彩色はない

上右／庭には餌をついばむ様子を描いた丹頂鶴像が置かれている　上左／山門前には石灯籠が立つ　右／清々しい境内が気持ちいい

丹頂鶴の像を配した
枯山水の庭が印象的

6 蓮行寺《れんぎょうじ》

日蓮正宗の寺院で、山号は珠栄山（しゅえいざん）。重厚な山門をくぐると左に手水舎があり、その裏側に枯山水の庭がある。藤棚の下にはベンチもあり、参詣後にひと休みして欲しいという気遣いを感じる。

栃木県下野市小金井2936

国道352号(高架)との交差点近くにある
下石橋の石仏群

下野市役所を過ぎると麦畑が広がる

女神と刻まれた岩は
愛宕塚古墳石室の一部

7 石橋愛宕神社

いしばしあたごじんじゃ

祭神は火産霊命(ホムスビノミコト)。徳川家康から社領5石を与えられた記録が残る。本殿前の巨石群は愛宕塚古墳の発掘調査で発見された石室の一部。愛宕塚古墳は東北新幹線開通時に墳丘のほとんどを削られた。

栃木県下野市石橋

右上／境内奥にある拝殿　上／愛宕塚古墳石室の一部。中央の岩に「女神」の文字が見られる　左／市の名木30選に選ばれたケヤキ

Course No. 13

石橋 ▼ 雀宮

日光街道を少し離れて寄り道を楽しむ

歩行距離 約13.8km

約3時間30分

歩数 約1万8400歩

Start 石橋駅
JR東北本線

▼

1 開雲寺

▼

2 孝謙天皇神社

▼

3 児山城跡

▼

4 鞘堂地蔵尊

▼

5 茂原観音

▼

7 雀宮宿脇本陣跡

▼

Goal 雀宮駅
JR東北本線

雀宮神社
雀宮駅前
雀宮駅
6 雀宮宿本陣跡
やまや
正光寺
7 雀宮宿脇本陣跡
東北本線（宇都宮線）
東北新幹線
安塚街道入口
栃木信用金庫
大阪寿し
宇都宮末広局
うつのみや病院
業務スーパー雀宮店
田川
茂原自衛隊前
陸上自衛隊
宇都宮駐屯地
アンダーパスを歩いて東側に渡る。歩道が狭いので注意しよう
ホームセンターカンセキ
スズキ自販栃木
スズキアリーナ茂原
茂原なかよし公園
石仏
日光街道
5 茂原観音
4
高速道路をくぐると、茂原観音参道入口までは約1km
姿川
北関東自動車道
イクサム上三川店（パチンコ）
星宮神社
4 鞘堂地蔵尊
下野警察署
石橋ビジネスホテル
セブンイレブン
下古山
グリムの森
3 児山城跡
文教公園
2 孝謙天皇神社
JA石橋ライスセンター
古山小
マクドナルド
石橋あやめ園
5月から7月にかけて、ジャーマンアイリス、スカシユリ、アルストロメリアなどが観賞できる
関東自動車石橋営業所
廣瀬酒店
石橋郵便局
石橋タクシー
1 開雲寺
石橋中
石橋
石橋駅
旧清水蕎麦屋
N
0
500m

ひと足伸ばして城跡、古社寺も巡る

コース12で触れた国道352号交差点の手前1kmのところに丸大食品の工場がある。入口に大きな慈母観音像が立つので、多くの方は気付かれたと思う。ここが「石橋」の地名に大きく関わる。一説ではこのあたりに池上明神が立ち、その前の小川に架かっていた石の橋が由来だという。天保14年（1843）の記録によると、石橋宿には本陣と脇本陣が各1軒、旅籠30軒を含んで79軒の家があり、414人が暮らしたとある。今、往時を伝える建物はなく、案内板もないのが少し残念。

そこで、石橋駅から❶開雲寺を詣でたら、少し国道4号を離れてみる。石橋交差点を西へまっすぐ20分ほど歩くと石橋中学校が見え、右側の田んぼの中に❷孝謙天皇神社がある。伝説によると、女帝の孝謙天皇は、下野薬師寺へ配流された元太政大臣《だじょうだいじん》の弓削《ゆげ》道《どう》鏡《きょう》を哀れみ、ここまで来たが病没したという。

国道に戻りつつ❸児山城《こやまじょう》跡《あと》にも寄ってみる。鎌倉時代に多功宗朝の子・朝定《ともさだ》が築城した平城の跡で、本丸の土塁がほぼ往時のまま残されている。下野市と姉妹都市ドイツのディーツヘルツタールとの交流の象徴であるグリムの森を過ぎて、国道4号に出たら、左に曲がり、北上を始める。

時折、目を楽しませてくれる古い民家の塀や蔵には、大谷石が多くなり、宇都宮に近づいていることを実感する。

民家と民家の間、わずかな遊具を置いた広場の一角に❹鞘堂地蔵尊はあった。南北朝時代、ここから東側の裳原《もばら》（茂原）で、下野の両雄である宇都宮基綱と小山義政が戦った。戦禍はこの地にも及び、地蔵院と呼ばれた堂宇は焼失。村人は戦死者を弔うとともに散乱した鞘《さや》を堂宇の跡地に埋めて、新たな堂宇を立て、石仏を祀った。その故に鞘堂地蔵尊と呼ばれる。

星宮神社を過ぎ、北関東自動車道をくぐると、沿道にはファミリーレストラン、ショッピングセンターなどが並ぶ。スズキ自動車が立つ角を右に曲がり、アンダーパスを通ってJR線路をくぐる。道標を追いかけながら、住宅地を20分ほど歩くと❺茂原観音に着く。下野三十三観音霊場の第20番札所だ。

国道4号に戻り、北上を再開。左側は店舗などでわかりづらいが、陸上自衛隊宇都宮駐屯地が広がっている。うつのみや病院を過ぎ、安塚《やすづか》街道入口交差点を渡ると、6分ほどで雀宮駅前交差点。信号に向かい左に❻雀宮宿本陣跡、右に❼雀宮宿脇本陣跡がある。

下野市は
かんぴょうの産地。
駅前の店にも
並んでいた

グリム童話をモチーフにした石橋駅西口のからくり時計

石橋駅から近い旧清水蕎麦屋。惜しまれつつ閉店したが、趣のある建物は健在だ

上／観世音菩薩と羅漢の石像
下／正面玄関となる山門。寺を囲む壁には銃眼や矢狭間が見られる

本尊は南北朝時代の阿弥陀如来坐像。毎年8月11日に開帳する

護摩祈願を行う護摩堂

徳川将軍、明治天皇の休憩所となった名刹

1 開雲寺《かいうんじ》

下野薬師寺第5世恵雲（えうん）律師が天応元年（781）に創建。文亀2年（1502）に多功満朝（みつとも）が現在地に移し、開雲寺と改名した。江戸時代は将軍、明治時代は明治天皇が休憩されている。

栃木県下野市石橋284-1

石橋交差点角に立つモダンな赤レンガの民家

右／小さな雑木林が社殿を守る
左／近隣の住民が世話するのか野花が供えられていた

県指定史跡でもある
多功氏の城跡

③ 児山城跡《こやまじょうあと》

多功朝定が築城。朝定の父親・多功（児山）宗朝は宇都宮頼綱の四男だった。宇都宮城の南側を守るため築城されたと考えられる。後年、豊臣秀吉の命で宇都宮氏は改易。この城も廃城になった。

栃木県下野市下古山

南北約80ｍ、東西約60ｍの本丸を中心に土塁や堀が残る

孝謙天皇に仕えた
ふたりの女官が起源

② 孝謙天皇神社《こうけんてんのうじんじゃ》

伝承では孝謙天皇に仕えていた女官の篠姫と笹姫が天皇の遺骨（分骨）を仏舎利塔に収めて、この地の寺に安置し供養した。その後、寺は廃寺となり、村人が仏舎利塔を御神体にして神社を設けたという。

栃木県下野市上大領161

細い紐を供えて感謝する
安産・子育ての地蔵尊

④ 鞘堂地蔵尊《さやどうじぞうそん》

由来は痛ましいが、明治時代からは「安産地蔵」としても信仰された。無事、出産が終わると男の子は白、女の子は赤の細い紐を供えてお参りするのが習わしという。8代将軍・徳川吉宗が日光社参の時に境内で休憩をしている。

栃木県河内郡上三川町鞘堂65

右／社殿の周りには十二支の奉納絵馬が展示される　左／昭和53年（1978）以降に再建された社殿

鳥居をくぐり、長い石段を登ると本堂が立つ

鞘堂新田地区の
鎮守として
信仰される星宮神社

木造・金箔を施した 観世音菩薩が祀られる

5 茂原観音《もばらかんのん》

安産・子育ての御利益があると信仰される観音様。縁起では、承安4年（1174）この地に住む宇都宮氏の家臣・蒙原家次（もばらいえつぐ）が、枕元に立った聖観音像を彫って祀ったのが始まりと伝える。本尊は秘仏になっている。

栃木県宇都宮市茂原町

右上／JRの線路をくぐった後、道標になる石仏群
左／本堂には間引きを戒めた絵馬も奉納されている

雀宮駅の入口となる交差点の角に立つ

雀宮宿の風情を伝える 貴重な建物

7 雀宮宿脇本陣跡《すずめのみやしゅくわきほんじんあと》

本陣のはす向かいにある芦谷家が脇本陣だった。門構え、玄関などに往時の姿が垣間見える。脇本陣は本陣の補佐役といえ、本陣に泊まりきれない場合や、複数の藩の宿泊が重なった場合は、格下の藩が利用した。

栃木県宇都宮市雀の宮3

武士から雀宮宿の 名主になった小倉家跡

6 雀宮宿本陣跡《すずめのみやしゅくほんじんあと》

雀宮宿で本陣を務めた小倉家は、宇都宮氏の元家臣であった。慶長2年（1597）に宇都宮氏が滅亡すると、雀宮に土着して本陣、問屋、名主、年寄りなどを務めた。屋敷は間口15間、建坪115坪以上という立派なものであった。

栃木県宇都宮市雀の宮4

かつての本陣屋敷も
いまでは石碑を残すのみ

Course No. 14

雀宮 ▶ 宇都宮

日光社参の将軍も泊った名城の城下町へ

歩行距離 約12.1km

約3時間

歩数 約1万6200歩

Start 雀宮駅
JR東北本線

▼

1 雀宮神社

▼

3 不動前の不動堂

▼

4 蒲生君平勅旌碑

▼

5 台陽寺

▼

9 宇都宮城址公園

▼

13 旧篠原家住宅

▼

Goal 宇都宮駅
JR東北新幹線
東北本線

大谷資料館
ここで日光街道と
奥州街道が分かる
日本聖公会宇都宮
聖ヨハネ会館
栃木県庁
11 宇都宮二荒山神社
119
大通り一
東武駅前
裁判所前
12 宝蔵寺
13 旧篠原家住宅
10 カトリック
松が峰教会
東武宇都宮駅
宇都宮駅
中央公園
宮の橋
大イチョウ
餃子像
松ヶ峰一
8 光琳寺
7 報恩寺
6 一向寺
宇都宮市役所
9 宇都宮城址公園
119
熱木不動尊
一条2
5 台陽寺
新町のけやき跡
4 蒲生君平勅旌碑
3 不動前の
不動堂
4
南宇都宮駅
不動前
日光線
鶴田駅
栃木スバル本社
大きな大谷石の蔵
と重厚な主屋が目
を引く民家がある
西原
川田入口
このあたりから車道の車線
数が増えて、視界が広がる
ENEOS
江曽島駅
一里
2 江曽島の一里塚跡
一里
田川
東北新幹線
ローソン
東北本線（宇都宮線）
横川西小
東武宇都宮線
台新田
菅原神社
寿鶴薬師堂
セブンイレブン
陸上自衛隊
北宇都宮駐屯地
北宇都宮駐屯地
横田新町
栃木県総合
運動公園
報徳看護専門学校
雀宮駅前から不動前までは販売店や
リースなど自動車関連の会社が多い
日光街道
宇都宮南消防署
コジマ（電気店）
コナカ（紳士服）
宮の内2
121
セブンイレブン
浄邦堂（仏具）
1 雀宮神社
ダイソー（100円ショップ）
馬頭観音
雀宮駅前
雀宮駅
4
正光寺
N
0
500m

地元の方に話しかけ昔の様子を聞いて歩く

雀宮駅を降りたら、2・3番ホームに行ってみたい。ベンチ横の案内板の柱に「鐵道院」と「明治四十五年七月製造」の文字が見られる。東北本線の歴史を見守ってきた遺構だ。改札を出ると駅舎の新しさに驚かされる。半円形の外観は雀が羽ばたく姿をイメージしている。

西口から国道4号に出て右に曲がる。少し歩くと右側に覆屋のある馬頭観音の石塔が見える。このあたりが雀宮宿の出口で、近くに名前の由来になった①雀宮神社がある。

この神社には小倉百人一首の歌人・藤原実方《ふじわらのさねかた》にまつわる伝説がある。実方は陸奥守に任じられ、奥州へ向かう。彼の妻は後を追いかけるが、この地で亡くなってしまう。村人は妻の遺言に従い持っていた宝珠を埋め、社殿を立て、「産土神《うぶすながみ》」として祀った。後年、実方の霊魂が雀になって飛来し、社殿に入ったことから「雀宮神社」と呼ばれるようになったそうだ。

国道121号を渡ると、国内外の自動車販売店やリース会社が多くなる。そこにひっそりと小さな古社寺が立つ。横川西小学校の先、一里交差点に着いたら、カレー屋と、立ち寄り温泉の看板に注目しよう。ここが②江曽島の一里塚跡だ。現地には案内板も何もないが、近くの理容店主人に聞くとわざわざ外に出て教えてくれた。のどかな田舎道もいいが、人と触れ合える町中の街道歩きも捨てたものではない。

JR日光線を越え、③不動前の不動堂で手を合わせたら、左へ進む。東武線のガードが宇都宮宿の入口で、当時は木戸があり、明け方から夕方まで開かれていた。

江戸時代後期の儒学者を顕彰した④蒲生君平勅旌碑《がもうくんぺいちょくせいひ》を過ぎると、⑤台陽寺、⑥一向寺、⑦報恩寺、⑧光琳寺と古刹が続き、寺町であったことが感じられる。なかでも、報恩寺の山門は茅葺きで、江戸時代初期のものと伝わる。宇都宮宿は戊辰戦争と第2次世界大戦で、町の大半を焼失しているため、貴重な建物だ。

宇都宮宿では⑨宇都宮城址公園も外せない。日光社参の将軍が宿泊した地で、歌舞伎や映画になった『宇都宮釣天井』(P137参照)の舞台でもある。江戸時代のままに復元した堀や土塁、櫓などを見ると、その大きさに圧倒される。

ここから⑩カトリック松が峰教会に寄り、宇都宮のメインストリートである大通りを右に曲がる。JR宇都宮駅まで⑪宇都宮二荒山神社、⑫宝蔵寺、⑬旧篠原家住宅と見どころが続くので、見学しながら行こう。

右／境内で見つけた絵馬
下／祭神は皇族の御諸別王（ミモロワケノキミ）を主祭神として合計3柱を祀っている

雀宮駅の下りホームにある明治時代の鉄柱

将軍も駕籠を降りて
参拝したと伝わる

❶雀宮神社

すずめのみやじんじゃ

案内板によると、長徳3年（997）に八幡太郎こと源義家が創建。正徳3年（1713）に東山天皇から金文字で「雀宮」と書かれた勅額が下賜され、社頭に掲げたため、将軍や諸大名が下乗して参拝したという。

栃木県宇都宮市雀の宮1-2

一里塚の跡地に店案内の看板が立つ。
目に付きやすい場所なのかもしれない

学問の神様・菅原道真を祀る菅原神社

バス停名などに残る
わずかな一里塚の記憶

❷江曽島の一里塚跡

えそじまのいちりづかあと

江戸から26番目の一里塚。右の塚には杉、左の塚にはヒノキが植えてあったが、現在は塚も木も何もない。JR東北本線と国道4号が接する交差点や、バス停に「一里」の文字が見られる。

栃木スバル本社の入口に
鉄道車両の車輪を置いた記念碑がある

今も江戸から北上する
旅人の目印となる

3 不動前の不動堂《ふどうまえのふどうどう》

不動前交差点に立つ不動堂。少しややこしいが地名も不動前という。堂内に宇都宮朝綱（ともつな）が建立したと伝わる高さ50cmほどの不動明王の石像が鎮座する。隣接する道標は昭和3年（1928）に建立されている。

栃木県宇都宮市不動前1-3

地名の由来になった不動堂。
昔は今より東側にあった

右／忿怒（ふんぬ）の表情を浮かべる不動明王
左／昭和の道標。「左裁判所」の文字がいかにも現代らしい

明治天皇の勅命で
時の知事が建立した

4 蒲生君平勅旌碑《がもうくんぺいちょくせいひ》

明治2年（1869）、明治天皇は、儒学者・蒲生君平の著作や行動が明治維新に大きく貢献したので、その功績を人々に知らせるように指示された。それを受けて当時の藩知事・戸田忠友が翌年に建立した。

栃木県宇都宮市花房3-3-36

左／市指定文化財でもある
上／正面に忠節蒲生君平里。側面に宇都宮藩知事戸田忠友奉行と書かれている

赤い頭巾をかぶった
六地蔵が出迎える

5 台陽寺《たいようじ》

慶長10年（1605）に宇都宮城主・奥平家昌により建立された。最初は城内にあったが、家昌の子・忠昌が古河に所替えになり、新しい城主の本多正純が城郭を拡張する際にこの地に移転したという。

栃木県宇都宮市新町1-6-12

右／宇都宮城主・戸田氏の守り仏だったと伝わる子育て地蔵尊
中／どっしりとした木造の山門　左／6つの世界（六道）で人々を救うといわれる六地蔵が参道脇に立つ

右上／車道から少し奥に山門がある
左上／幕末から明治に活躍した画家・菊地愛山の墓
右下／本尊の阿弥陀如来を祀る本堂

災いを汗で知らせる
汗かき阿弥陀

6 一向寺《いっこうじ》

建治2年(1276)に宇都宮景綱が寄進した寺。客仏である銅造阿弥陀如来坐像は、異変が起こる前に汗をかいて知らせるといわれ、「汗かき阿弥陀」と親しまれる。汗かき阿弥陀の拝観は土・日曜のみ。

栃木県宇都宮市西原2-1-10

凛とした佇まいの
茅葺き山門が美しい

7 報恩寺《ほうおんじ》

寛永16年(1639)に奥平家昌の正室が寄進したといわれる。茅葺き屋根の山門をくぐり、境内に入ると戊辰戦争で亡くなった薩摩藩士と、薩摩・長州・大垣諸藩士の墓が参道を挟んで向かい合っている。

栃木県宇都宮市西原1-3-13

臨済宗妙心寺派の禅寺。本堂は戊辰戦争で焼失し、その後の再建

右上／瓦を乗せた黒板塀が寺の周りを囲む
右下／薩摩藩士の墓
左上／戦禍をくぐり抜けた貴重な山門

右上・左上／石碑の脇に鳥居があり、その奥に官軍の墓がある
右下／本堂は戊辰戦争で焼け、昭和4年(1929)に再建した

戊辰戦争で戦った
両軍の墓がある

8 光琳寺《こうりんじ》

応永32年(1425)の創建。慶長10年(1605)に現在地へ。「討つ人も 討たれる人も もろともに おなじ御国の為と思えば」という石碑の言葉どおり、境内には官軍と旧幕府軍の隔たりなく両方の墓がある。

栃木県宇都宮市西原1-4-12

右／毎月第3日曜日は櫓2階に上がれる
中／宇都宮城ものしり館では再現模型も展示
左／将軍の御成御殿を見下ろさないため櫓は城内側に窓が無かった

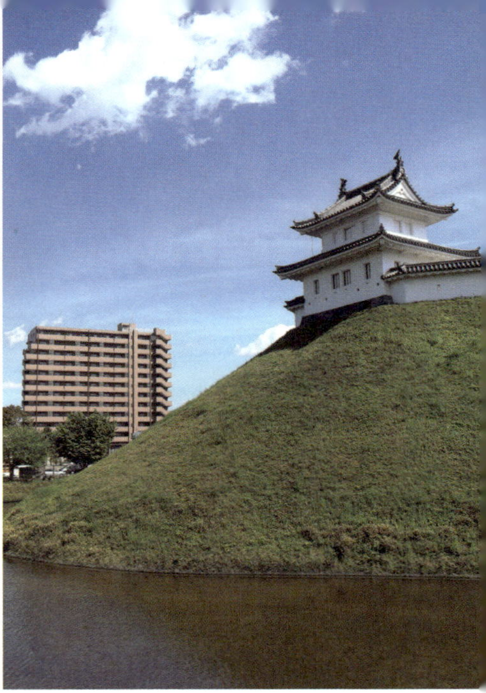

関東七名城の1つ
江戸時代の姿を再現

⑨宇都宮城址公園

うつのみやじょうしこうえん

平成19年に本丸の一部（堀、土塁、築地塀、富士見櫓、清明台櫓）が復元された。土塁内部に「宇都宮城ものしり館」があり、地元ガイドの解説を聞くことができ、土塁の上まで登れるエレベーターがある。宇都宮市役所が目印。

栃木県宇都宮市本丸町

お耳拝借 8 omimihaisyaku

❖宇都宮釣天井

物語『宇都宮釣天井』のあらすじは、本多正純が日光社参帰りの家光を宇都宮城内の釣天井で殺そうと画策する。しかし、工事にかかわった大工の霊が秘密を告げ、事前に発覚。家光は宇都宮城を通過して難を逃れ、正純たちは捕まり、裁きを受けるというもの。

元和8年（1622）の日光社参で2代将軍・徳川秀忠は復路のコースを変えて、宇都宮城を通過したことと、この年に正純が失脚したことから、物語が生まれた。正純は宇都宮城の前城主・奥平忠昌の祖母・加納殿（徳川秀忠の姉・亀姫）からだいぶ恨まれていたらしい。忠昌は7歳で家督を継ぐが、幼いという理由で古河に移封されている。加納殿はそれを正純の工作と思ったのだろう。

いずれにしろ、正純は鉄砲の密造や幕府同心の殺害、無届けでの石垣改修などを理由に改易される。正純が失脚した後、奥平忠昌が宇都宮城主になったことも、またドラマチックである。

将軍が宿泊した御成御殿の復元模型。宇都宮城ものしり館に展示されている

毎週日曜日のミサは誰でも参加できる

日本では数少ない
双塔を持つ教会

⑩カトリック松が峰教会

かとりっくまつがみねきょうかい

昭和7年(1932)に竣工した近代ロマネスク様式のカトリック教会で、宇都宮市内の大谷石建築では最大級だ。上智大学1号館を手がけた建築家マックス・ヒンデルが設計している。

栃木県宇都宮市松が峰1-1-5

第2次世界大戦の空襲で焼かれたが、翌年に新芽を出して市民を勇気づけた大イチョウ

街の歴史を見守る
下野国の一宮

⑪宇都宮二荒山神社

うつのみやふたあらやまじんじゃ

約1600年の歴史を持ち、藤原秀郷、源頼朝、徳川家康など、名だたる武将からも崇敬された。一説では、この神社が下野国の一宮(いちのみや)であることから地名が宇都宮になったともいう。社殿は明治10年(1877)に再建。

栃木県宇都宮市馬場通り1-1-1

上/祭神は豊城入彦命(トヨキイリヒコノミコト)をはじめ3柱を祀る
左/大通りに立つ素木の大鳥居
左上/95段の石段を登り詰めると唐破風神門が待っている

夜の訪れを告げた
およりの鐘はここに

⑫ 宝蔵寺《ほうぞうじ》

大通りに面した天台宗の寺。鐘楼門の梵鐘は最初、東勝寺にあり、夕暮れに撞くことから、お休みになるという意味で「およりの鐘」と呼ばれた。東勝寺が廃寺になり、この寺に鐘が移された。北関東三十六不動尊霊場の1つ。

栃木県宇都宮市大通り4-2-12

本堂右前のお堂には南北朝時代の作と伝わる
木造普賢菩薩坐像が祀られる

梵鐘に三つ巴の家紋があり、
宇都宮氏の寄進と考えられる

財力の高さがわかる
明治の豪商屋敷

⑬ 旧篠原家住宅《きゅうしのはらけじゅうたく》

江戸時代から奥州街道入口で醤油醸造業や肥料商を営んでいた豪商の住宅跡。第2次世界大戦の戦火で醤油造蔵や米蔵は焼失したが、明治28年（1895）築の母屋と石蔵3棟は難を逃れた。平成9年から一般公開している。

9時～17時／月曜（祝日の場合は翌日）・祝日の翌日休（土・日曜・祝日の場合は開館）／入館100円／栃木県宇都宮市今泉1-4-33／☎028-624-2200

上／黒漆喰や大谷石を外壁に使い、格子を配した母屋と新蔵は国指定重要文化財　左／分厚い扉が母屋を戦火から守った

❖大谷石

餃子、カクテル、ジャズ……。
そして、宇都宮を特色づける
キーワードの一つに大谷石がある。
軽量で加工しやすく、
耐火・耐性に優れるため、
建材として重宝された。

昭和3年（1928）に建てられた「宇都宮商工会議所」の一部が栃木県中央公園に移築されている

古代の遺跡を思わせる大谷資料館。近年は撮影地やコンサート会場にも使われる

現代彫刻家の西松鉱二がデザインした餃子像

JR宇都宮駅西口で人気スポットとなった餃子像。餃子の皮に包まれたビーナスをモチーフにしたもので、大谷石でできている。

東武線の宇都宮駅近くにはカトリック松が峰教会や石蔵を改装したレストラン。少し離れたところには栃木県中央公園内に旧宇都宮商工会議所、日本聖公会宇都宮聖ヨハネ教会など、宇都宮には大谷石を使った建造物が、そこかしこで見られる。

その理由は宇都宮駅からバスで30分ほどの大谷地区が石の産地だからだ。大谷石（おおやいし）は1500～2000万年前に噴火した海底火山の火山灰が固まった凝灰岩で、大谷地区を中心に東西約8㎞、南北約37㎞に分布している。埋蔵量は推定で10億tというから驚く。

古くは古墳の石棺に用いられたが、注目を集めるのは大正時代。アメリカ人建築家のフランク・ロイド・ライトが、大正12年（1923）に竣工した旧帝国ホテルに大谷石を使用した。その年、関東大震災が発生したが、ホテルの被害はわずかで、耐火・耐震性の高さが認められた。

大谷石は凝灰岩の軽くて柔らかく、孔が多いという特徴に加えて、ミソという斑点が独特の風合いを醸している。最盛期の昭和40年代（1965～1974）には、約120カ所の採掘事業場があり、年間約89万tを出荷していたという。

地下宮殿のような採掘跡が観光施設に

大正8年（1919）から昭和61年（1986）まで約70年間、大谷石を掘り出した採石場跡が「大谷資料館」として一般公開されている。

広さは約2万㎡。野球場が1つ入る巨大な地下空間で、冒険映画『インディ・ジョーンズ』の世界に紛れ込んだようだ。石の採掘方法は地表から縦に深く掘る「平場（ひらば）掘り」と横に掘る「垣根掘り」がある。資料館は2つを組み合わせた坑内掘りになっている。昭和35年（1960）に作業は機械化されるが、それまでは手掘りだった。厚さ18cm、幅30cm、長さ90cmの六十石（ろくとういし）を1本切り出すのに3600回もツルハシを振り、その後は人間が背負って、地上まで運んだという。

大谷石に賭けた石工たちの情熱が、この地下空間を創り出したと思うと、誰もが心を揺さぶられるだろう。

日本聖公会宇都宮聖ヨハネ教会の礼拝堂は鉄筋コンクリート造りの大谷石張り

大谷資料館●9時～17時（12月～3月は9時30分～16時30分）／無休（12月～3月は火曜休、祝日の場合は翌日）／入館800円／栃木県宇都宮市大谷町909／☎028-652-1232

Course No. 15

宇都宮
徳次郎

日光桜並木が登場。春は花見の街道歩きに

歩行距離 約10.9km

約2時間50分

歩数 約1万4600歩

Start 宇都宮駅
JR東北新幹線
東北本線

1. 延命院
2. 宝勝寺
3. 桂林寺
4. 高尾神社(妙吉塚)
5. 上戸祭の一里塚
6. 光明寺

Goal 下徳次郎バス停
関東自動車(バス)

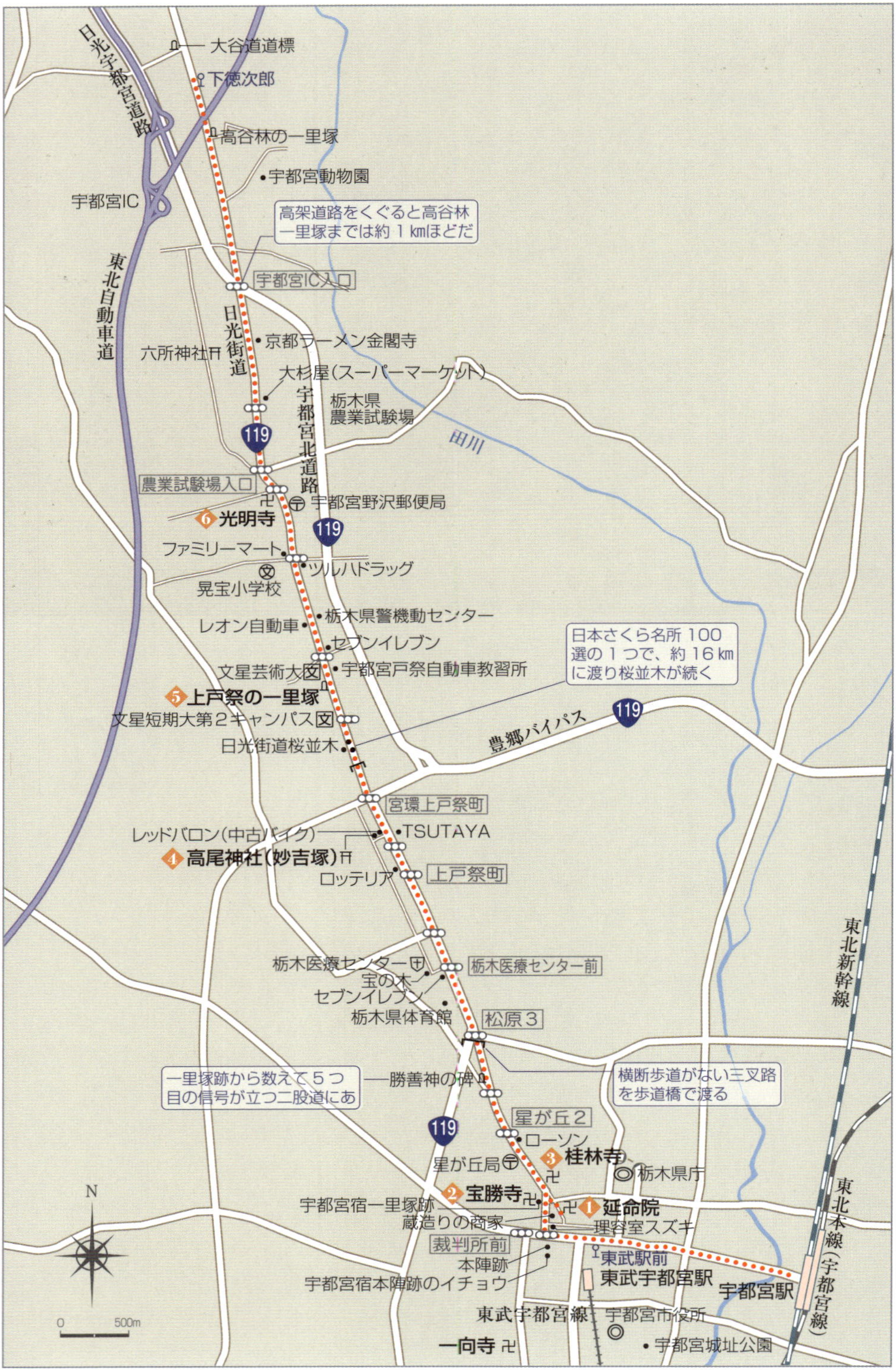
日光宇都宮道路
大谷道道標
下徳次郎
高谷林の一里塚
宇都宮動物園
宇都宮IC
高架道路をくぐると高谷林一里塚までは約１kmほどだ
東北自動車道
宇都宮IC入口
日光街道
京都ラーメン金閣寺
六所神社
大杉屋(スーパーマーケット)
宇都宮北道路
栃木県農業試験場
田川
119
農業試験場入口
宇都宮野沢郵便局
6 光明寺
ファミリーマート
ツルハドラッグ
晃宝小学校
レオン自動車
栃木県警機動センター
セブンイレブン
文星芸術大
宇都宮戸祭自動車教習所
日本さくら名所 100 選の１つで、約 16 km に渡り桜並木が続く
5 上戸祭の一里塚
文星短期大第２キャンパス
日光街道桜並木
豊郷バイパス
宮環上戸祭町
レッドバロン(中古バイク)
TSUTAYA
4 高尾神社(妙吉塚)
ロッテリア
上戸祭町
栃木医療センター
宝の木
セブンイレブン
栃木県体育館
栃木医療センター前
松原３
一里塚跡から数えて５つ目の信号が立つ二股道にあ
勝善神の碑
横断歩道がない三叉路を歩道橋で渡る
星が丘２
ローソン
3 桂林寺
星が丘局
栃木県庁
2 宝勝寺
宇都宮宿一里塚跡
1 延命院
蔵造りの商家
理容室スズキ
裁判所前
本陣跡
東武駅前
宇都宮宿本陣跡のイチョウ
東武宇都宮駅
宇都宮駅
東武宇都宮線
宇都宮市役所
一向寺
宇都宮城址公園
東北新幹線
東北本線(宇都宮線)
N
0
500m

標識に日光の文字 足取りが早くなる

JR宇都宮駅から大通りを歩き出す。次第に上り坂になり、池上町交差点を過ぎたら最初の信号でストップ。ここが奥州街道と日光街道の追分で案内板も立っている。十字路の右側、理容室の脇を通る清住町通りが旧日光街道だ。

理容室を背にして、大通りを向くと、大イチョウの頭が見える。この木は宇都宮宿の本陣に立っていたもので、日光方面から下ってきた旅人の目印になった。天保14年（1843）の記録をみると、宇都宮宿には1219軒（そのうち本陣2軒、脇本陣1軒、旅籠42軒）の家があり、6400人以上が暮らしていた。大変な賑わいだったろう。

旧日光街道を進むとすぐ蔵造りの商家が見え、左側の空き地に案内板が立っている。江戸から27里の一里塚はここにあった。街道の合流点に近いためか、ここも❶延命院、❷宝勝寺、❸桂林寺など寺院が多い。

延命院の境内では、「霊験初音の墓」のいわれに心が惹かれた。初音の本名は大内トメといい、幼い時に身売りされ、一生懸命に働いたが、18歳の時に頭の病で亡くなる。臨終の間際に自分のような身の上の人間が2度と出ないようにといい残す。見送った人々は、トメを観音菩薩の権化に違いないと考え、信仰の対象にした。医者が見放す頭の病も一心に祈願すれば直してくれるそうだ。

桂林寺の先で、道は軽いクランクになり、15分ほど歩くと、松原3丁目交差点で桜通り（国道119号）に合流する。大きな歩道橋が目印だ。

明治時代に陸軍病院としてスタートした栃木医療センターを経て、上戸祭町交差点を渡ったら、中古バイク店の手前を左に入り❹高尾神社（妙吉塚）へ。境内の隅には10体以上の狛犬が2列で並んでいて、いろいろな仕草や表情をしている。

国道に戻り、少し歩くと「世界遺産日光の社寺34㎞」と書かれた道路標識を発見。日光道中のゴールがついに見えてきた。宮環上戸祭町交差点の先からは日光街道桜並木が始まる。途中、杉も混じるが約16㎞の桜並木は見事だ。歩道は並木の外側なので、春でも花のトンネルの下を歩けないが、木陰は日差しが和らぎ、歩いていて気持ちが良い。どちらも状態の良い❺上戸祭の一里塚を過ぎ、❻光明寺を参詣し、東北自動車の高架をくぐると下徳次郎バス停はもうすぐだ。

これからコース17まで路線バスを使うことになる。運賃は現金払いなので、1000円前後の小銭は絶えず持参したい。

宇都宮宿本陣跡の案内板。うっかりすると見落としてしまう

宇都宮宿本陣跡に立つ大イチョウ。
その歴史を知る人は少なくなった

大谷石の壁に黒塗りの蔵。宇都宮らしい風景だ

右／霊験初音の墓。櫛（くし）を供えて祈願すると早く成就するといわれた
下／本尊の大日如来を祀る本堂

右／昔の日光街道は山門前を通っていた
上／地蔵堂。1月24日の初地蔵には大根汁のふるまいがある

延命地蔵堂は
市内最古の木造建築

1 延命院 えんめいいん

山門をくぐると正面に入母屋風の二重屋根をのせた地蔵堂が見える。堂内に祀られる延命地蔵菩薩立像は、快慶の流れを汲む作風で、鎌倉時代の作と考えられる。蒲生君平が学んだ寺でもある。

栃木県宇都宮市泉町4-30

応永3年（1396）の創建と伝わる曹洞宗の寺

大正・昭和に活躍した川柳家・前田雀郎（まえだじゃくろう）の句碑

“おさんやさん”こと
日限地蔵尊で知られる

②宝勝寺《ほうしょうじ》

鎌倉時代に宇都宮景綱が蓮池から阿弥陀如来像を救い出し、草庵を設けたのが起源という。恵心僧都（えしんそうず）作と伝わる日限（ひぎり）地蔵尊はお産の御利益があるという。

栃木県宇都宮市小幡1-3-10

宝勝寺の寺号は宇都宮景綱の法号からとられたという

右／昭和35年（1960）に62歳で没した前田雀郎の墓
左／境内に安置された石仏たち

1年に一度開帳する
珍しい立ち姿の観音様

③桂林寺《けいりんじ》

蒲生君平の菩提寺。本堂には右足に体重をかけ、左足を遊ばせた珍しい立ち姿の木造聖観世音菩薩立像が安置されている。秘仏であるが毎年3月18日の縁日に限り開帳している。墓地には官軍の墓もある。

栃木県宇都宮市清住1-3-37

「寛政の三奇人」に数えられる蒲生君平の墓

旧日光街道がクランクになる手前に、どっしりとした造りの商家が立つ

謎の多い円墳の脇に
安産の地蔵が佇む

4 高尾神社(妙吉塚)

たかおじんじゃ(みょうきちづか)

境内に直径約12m、高さ3mの丸い塚があり、宝篋印塔が立つ。基礎部の文字から至徳4年(1387)に建立された「妙吉」または「妙言」の塚と推定されるが、詳細は不明なままだ。

栃木県宇都宮市上戸祭2-2

覆屋の中に水神を祀る社殿がある

右上／個性的な狛犬が集まる　右下／安産高地蔵。背後の石柱は大男が自分の背丈を後世に伝えるため、身長と同じ高さの石柱を置いたという
左／謎の多い妙吉塚

桜並木に負けず、
旅人の目を楽します

5 上戸祭の一里塚

かみとまつりのいちりづか

日本橋から28番目の一里塚。桜並木の外側にあり、右側の塚には「一里塚」と書かれた石柱が左側の塚には同じ石柱とヒノキが立っている。宇都宮駅方面からは文星短期大学の第2キャンパスが見えたら5分ほどだ。

栃木県宇都宮市上戸祭4-8

昭和58年(1983)に一部を修復整備した

左／本堂は昭和51年(1976)再建。江戸時代は将軍の休憩所になった　下／立派な鐘楼門

静御前の伝説もある
地元に愛される寺

6 光明寺　こうみょうじ

文禄2年(1593)に創建。静御前の守り仏(薬師如来)を安置することから「桜本薬師」の呼び名もある。江戸時代後期から明治までは寺子屋を開き、近在の子どもに読み書き、そろばんなどを教えていた。関東八十八ヶ所霊場の1つ。

栃木県宇都宮市野沢町342

上／江戸時代の絵図に描かれた宝篋印塔　下／天保14年(1843)の無縁塔と宝暦4年(1754)の地蔵尊

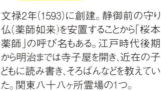

Course No. 16

徳次郎▶大沢

日光神領の境石を越えて、ついに日光市へ

歩行距離 約17km

約4時間20分

歩数 約2万2700歩

Start 下徳次郎バス停
関東自動車(バス)

1 薬師堂の石仏

2 徳次郎城跡

4 智賀都神社

5 伝法寺

10 お願い地蔵（うらない仏）

13 杉並木寄進碑

Goal 下大沢バス停
関東自動車(バス)

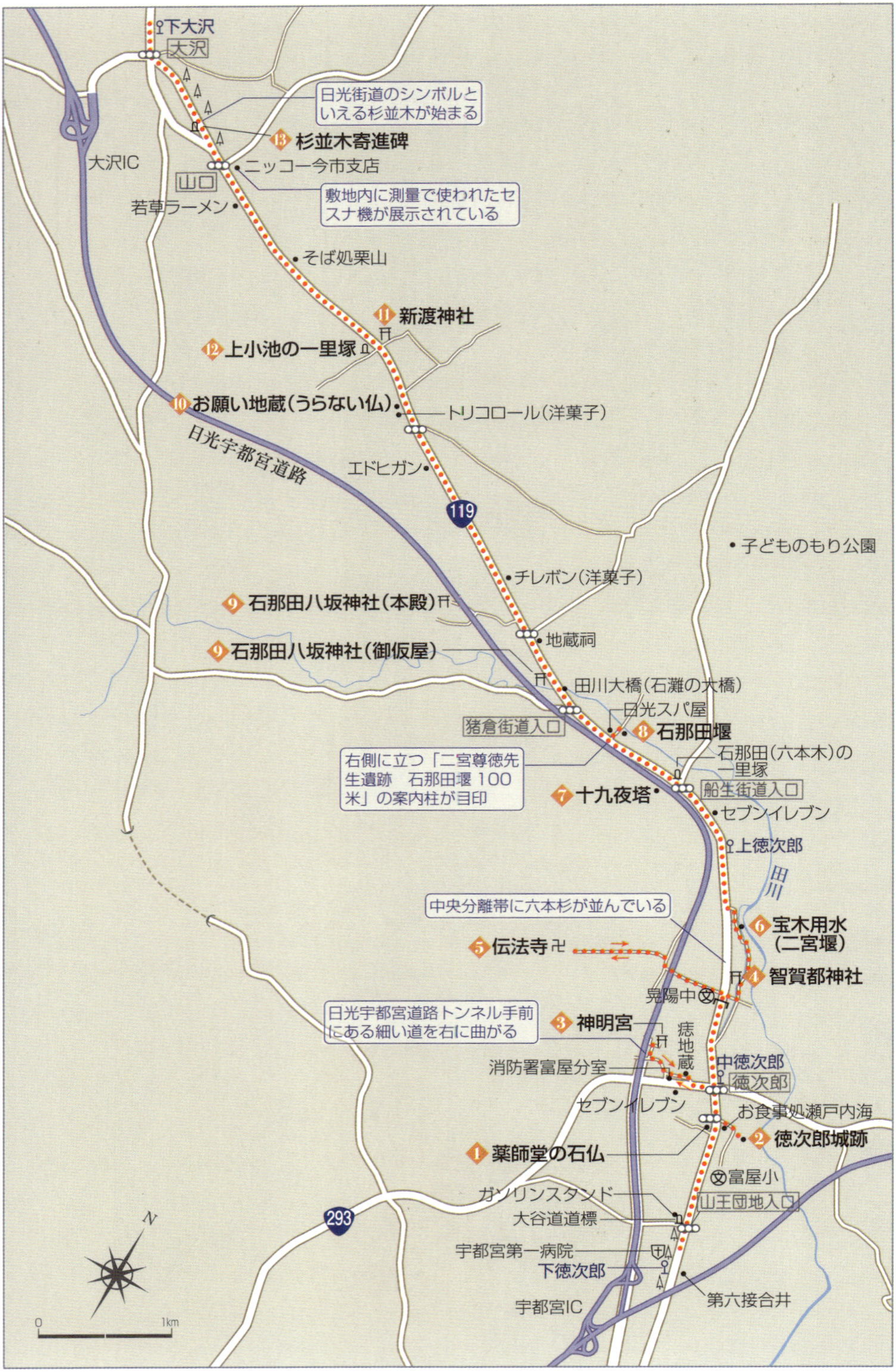

下大沢
大沢
日光街道のシンボルといえる杉並木が始まる
13 杉並木寄進碑
大沢IC
ニッコー今市支店
山口
敷地内に測量で使われたセスナ機が展示されている
若草ラーメン
そば処栗山
11 新渡神社
12 上小池の一里塚
10 お願い地蔵（うらない仏）
トリコロール（洋菓子）
日光宇都宮道路
エドヒガン
119
子どものもり公園
チレボン（洋菓子）
9 石那田八坂神社（本殿）
地蔵祠
9 石那田八坂神社（御仮屋）
田川大橋（石灘の大橋）
日光スパ屋
猪倉街道入口
8 石那田堰
石那田（六本木）の一里塚
右側に立つ「二宮尊徳先生遺跡　石那田堰 100米」の案内柱が目印
7 十九夜塔
船生街道入口
セブンイレブン
上徳次郎
田川
中央分離帯に六本杉が並んでいる
6 宝木用水（二宮堰）
5 伝法寺
4 智賀都神社
晃陽中
日光宇都宮道路トンネル手前にある細い道を右に曲がる
3 神明宮
痣地蔵
中徳次郎
消防署富屋分室
徳次郎
セブンイレブン
お食事処瀬戸内海
1 薬師堂の石仏
2 徳次郎城跡
富屋小
ガソリンスタンド
山王団地入口
大谷道道標
293
N
宇都宮第一病院
下徳次郎
0
1km
第六接合井
宇都宮IC

路線バスを活用して無理ない行程を組もう

徳次郎という地名は、行政町名では「とくじろう」となっているが、地元では「とくじら」とも呼ばれている。語り伝えでは、日光に大きな勢力を持つ久次良《くじら》一族の一部が、奈良時代末期に日光二荒山神社から御神体を智賀都《ちかつ》神社《じんじゃ》に勧請して、この地に住み着いた。久次良宗家に対して、外久次《そとくじ》良《ら》を名乗り、転じて「とくじら」になったという。徳次郎宿は、上・中・下徳次郎の三村合宿で、天保14年（1843）の記録では、総家数168軒で人口653人とある。

下徳次郎バス停から桜並木を歩き出す。山王団地入口交差点に出ると「大谷道」と書かれた道標が立っている。昔は大谷観音へ行く道が続いていたが、今は廃道になり、道標のみが残っている。

富屋小学校を過ぎたら、右側に注意。「お食事処瀬戸内海」が角に立つ信号があり、その向かいに❶薬師堂の石仏がある。さらに、店舗脇の道に入るとうっそうとした杉林が見えてくる。宇都宮城の守りを担った❷徳次郎城跡だ。

狛犬を持ち上げて、願い事が叶うか否かを占う❸神明宮に寄り道した後は、地名の由来に関わる❹智賀都神社へ。鳥居近くに2本の大ケヤキが立つので、遠くからでもわかる。

神社前の交差点を左に行くと❺伝法寺、右に行くと二宮尊徳ゆかりの❻宝木用水がある。伝法寺は往復1時間かかるので、体力や時間と相談して欲しい。

この先は右側になだらかな山々が続き、田畑も多くなる。石那田（六本木）の一里塚が目印となる❼十九夜塔、二宮尊徳像が立つ❽石那田堰を経て、猪倉街道入口交差点を過ぎると❾石那田八坂神社の御仮屋《おかりや》が見える。7月下旬に行われる天王祭の最大の見どころは、猿田彦神が御仮屋から本殿へ還られる神様を先導し、6町の彫刻屋台が供奉する「付け祭り」だ。ただし、猿田彦神と彫刻屋台が繰り出すのは最長4年に1度だ。

登り坂を実感しつつ、30分歩くと小さなお堂の中に赤い布を巻き付けた❿お願い地蔵（うらない仏）が鎮座していた。⓫新渡神社《にわたりじんじゃ》を過ぎ、短い杉並木を進むとついに日光市。さらに山口交差点の先、Y字路を右に進むと今度は700mほどの杉並木になり、途中に⓭杉並木寄進碑が立っている。日光らしい風景に気分が高まる。杉並木を抜けて、大沢交差点を右折すると、ほどなくゴールの下大沢バス停に到着だ。

このコースは距離が長く、ほぼ登りだ。幸い路線バスが併走するので、疲れたら切り上げて、次回はそこから歩きだせばいい。無理は禁物だ。

きれいなままの顔立ちと文字に地元の信仰の深さを感じる

① 薬師堂の石仏《やくしどうのせきぶつ》

二層屋根の薬師堂と石仏が安置される覆屋

薬師堂の前、屋根の下に三体の石仏が鎮座する。右側は文化元年(1804)の馬頭観音で徳次郎城の麓にあったと推定される。中央は如意輪観音を陽刻した十九夜塔、左は六面幢(ろくめんどう)六地蔵だ。

保存状態がよく石仏の顔や文字がはっきり読める

宇都宮氏の滅亡とともに廃城になった

北方の敵に供えた戦国時代の城跡

② 徳次郎城跡《とくじらじょうあと》

宇都宮22代城主・宇都宮国綱が北の防衛のため築城し、家臣の新田徳次郎昌言(にったとくじろうまさこと)が居城にしたと伝わる。現在はうっそうとした杉林だが、内堀や外堀の名残は感じられる。

栃木県宇都宮市徳次郎町129

右／狛犬を軽く感じられたら、願い事が叶う日も近いという
左／社殿には五穀豊穣、災難除けの神様が祀られる

アザやイボを治してくれると信じられる痣(あざ)地蔵

田んぼの中にぽつんと立つ

持った重さで成否を占う運試しの狛犬に挑戦を

③ 神明宮《しんめいぐう》

国道293号から痣地蔵の立つ脇道に入る。消防署富屋分署が左に立つT字路を右に進むと、有料道路の手前に「神明神社入口」の石碑がある。社殿前の狛犬は、参詣者が重いと感じるか、軽いと感じるかで、願掛けの成否を知らせるという。

栃木県宇都宮市徳次郎町

現在も田川から灌漑用水を運んでいる

徳次郎と宝木地区を潤す
二宮尊徳ゆかりの用水

6 宝木用水(二宮堰)《たからぎようすい(にのみやぜき)》

田川から水を引き込み、徳次郎と宝木地区を経て、宇都宮へ流れる人工の川。江戸時代末期、二宮尊徳が設計し、弟子の吉良八郎が村人を指導した。最初は徳次郎まで水を引き、その後、資金を集めて台地の宝木地区まで水を引き上げた。

鳥居近くのケヤキ2本はともに推定樹齢約700年。樹高は約40m

鳥居近くの大イチョウは
県指定の天然記念物

4 智賀都神社《ちかつじんじゃ》

徳次郎六郷の鎮守。宝亀9年(778)に日光二荒山神社の御神体を千勝森(ちかつのもり)に勧請したのが始まりで、森の名前が社号の由来という。夏祭りでは3年に1度、6町の彫刻屋台が披露される。

宇都宮市徳次郎町2478

祭神は大己貴命(オオナムチノミコト)ほか計3柱を祀る

栃木県に臨済宗を広めた
鎌倉時代の名僧が眠る

5 伝法寺《でんぽうじ》

貞和4年(1348)に妙哲禅師が開いた寺。妙哲禅師は黒羽町・雲巌寺の仏国(ぶっこく)国師に弟子入りし、下野国に臨済宗を広めた名僧だ。高さ約1.5mの安山岩でできた妙哲禅師の墓は境内の山中にある。

栃木県宇都宮市徳次郎町1863

右/慶安年間(1648〜1652)に臨済宗から曹洞宗へ改宗した
上/妙哲禅師の墓

寺までは登り一辺倒。山門が見えるとホッとする

上／社殿には浮き彫りの右大臣、左大臣も見られる　左／主祭神は素戔嗚尊（スサノオノミコト）が祀られる本殿

石那田（六本木）の一里塚は江戸から30里。片側だけ残る

平成29年に引っ越し 真新しい屋根が目印

7 十九夜塔《じゅうきゅうやとう》

平成29年に国道119号の拡幅工事により、日光宇都宮道路の南側に移された。この塔は十九夜講の信者が特定日に集まり、お経などをあげるためのもの。女性を救ってくれる如意輪観音が描かれている。

十九夜講はほぼ女性で、安産などを祈願した

薪を背負い、本を読む 二宮像が岸辺に立つ

8 石那田堰《いしなだせき》

嘉永5年（1852）に二宮尊徳の指揮・監督の下で田川から取水するための堰が設けられた。現在の堰は当時のものではないが、西岸に小さな石の祠が立ち、二宮金次郎像と数基の記念碑が立っている。

田川は源流の日光市から宇都宮市へ流れていく

石造りの本殿と、
夏祭りが行われる御仮屋

⑨石那田八坂神社

いしなだやさかじんじゃ

江戸時代初期に疫病を鎮めるため京都の八坂神社から勧請した。享保8年（1723）に再び疫病が流行り、石造りの本殿を新築して病気平癒を祈った。八坂祭りでは神様を神輿に乗せて、本殿から約1km離れた国道119号沿いの御仮屋に移す。上遷宮（お帰り）でお供する彫刻屋台は江戸・明治時代の名工・磯邊敬信（けいしん）、後藤正秀、神山政五郎らの作品。

栃木県宇都宮市石那田町

御仮屋に立つ案内板に
彫刻屋台の写真がある

全身を赤布で巻かれた
身代わり信仰の石仏

⑩お願い地蔵（うらない仏）

おねがいじぞう（うらないぼとけ）

堂内の説明書きによると、享保15年（1730）に疫病が流行り、地元の人々が石仏（地蔵尊）を造って祀ったとある。体の痛いところがあれば、仏の同じ部分に赤布を巻き、祈願すると治るという。

右／地蔵前の石を持ち上げ、軽く感じると願いが叶うとか。そこから「うらない仏」の呼び名もある
左／国道１１９号の左側の歩道にある

右／老杉に囲まれた境内は清々しい雰囲気
左／御神体に合わせたわけではないだろうが、鳥居も石で造られている

神仏習合の名残を感じる
不動尊を祀る神社

⑪新渡神社《にわたりじんじゃ》

石の不動尊を御神体とする古社。上小池の一里塚の向かいにあり、日光街道を旅する人も小休止したに違いない。境内にいくつかの石の祠や燈籠が立ち、月待ち信仰の二十六夜塔も見られる。

栃木県宇都宮市上小池町499

こりより先は日光神領
境石とも呼ばれた石碑

⑬杉並木寄進碑《すぎなみききしんひ》

徳川家康、秀忠、家光の3代に仕えた松平正綱が杉並木を寄進したことを記した石碑。ここのほか、壬生道の日光市小倉、会津西街道の日光市大桑、日光の神橋と四カ所にある。日光神領の境界に立ち「境石（さかいいし）」とも呼ばれた。

杉並木に入り150mほど歩いた左側に高さ1.56mの碑が立つ

江戸時代は塚の上に松が植えてあったという

江戸側から見ると
宇都宮市最後の一里塚

⑫上小池の一里塚《かみこいけのいちりづか》

新渡神社のはす向かいにある日本橋から31番目の一里塚。神社側は何もないが、反対側は塚の面影がある。案内板がなく、地元の方に何度か質問し、ようやくご老人から場所を教えてもらった。今では知る人も少ない史跡だ。

Course No. 17

大沢▸今市

日光街道のシンボル・杉並木を歩く

歩行距離 約9.6km

約2時間25分

歩数 約1万2800歩

Start 下大沢バス停
関東自動車（バス）

1 王子神社

2 龍蔵寺

3 日光街道杉並木

4 大沢御殿跡

6 並木ホテル（七本桜一里塚）

7 追分地蔵尊

Goal 今市駅
JR日光線

小倉町
8 下今市駅
461
今市駅
東武日光線下今市駅へ出るならば、歩道橋のある交差点を右折する
大谷川
N
0 500m
7 追分地蔵尊
日光市役所
Mobil
6 並木ホテル（七本桜一里塚）
七本桜
桜杉
2018年5月に「七本桜交差点」から南へ400mが車両通行禁止になった
119
森友
来迎寺
下森友
下森友
121
右側のガードレールの切れ目から杉並木の道に入る
シミド原
ENEOS
121
東武日光線
日光街道
土沢IC
日光宇都宮道路
日光例幣使街道
日光線
赤堀川
田川
ミニストップ
水無の地蔵堂
5 大沢（水無）の一里塚
杉並木の保護のため車両は通行禁止。杉並木の中央を歩ける
4 大沢御殿跡
御殿工場入口
高橋製作所
セブンイレブン
枝喰い杉
四本杉
八坂神社
3 日光街道杉並木
大沢局
下野大沢駅
大沢中
2 龍蔵寺
大沢小
1 王子神社
大沢
下大沢
大沢IC
杉並木寄進碑

一部は車両通行禁止で杉並木の中央を歩ける

最初に下大沢バス停までのアクセスに注意したい。ＪＲ宇都宮駅西口からバスに乗車する場合、９時台を逃すと11時台まで便がない。

下大沢バス停で降りたら、国道１１９号を歩き出す。歩道橋が見え始めたら、右側に注意。細い路地を抜けると、推定樹齢約２５０年の大イチョウ近くに❶王子神社が鎮座している。道なりに進むと登り坂になり、竹林を抜けると❷龍蔵寺に着く。本堂の前に六尺藤の藤棚があり、５月中旬になると紫色の雨が降っているような絶景が広がる。

来た道を戻り、国道を北に進む。大沢宿に入っているのだが、昔の面影は感じられない。大沢宿は幾度も大火に見舞われ、歴史ある建物を焼失している。

大沢郵便局の先から❸日光街道杉並木が始まる。杉並木保護の観点から自動車は迂回するので、杉並木の中央を歩くことができる。右側に小さな社が現れたら、参拝して、社殿を背にして左上を見上げる。２本に分かれた左側の幹が枝に噛み付いているようにも見える。そこから付いた愛称が「枝喰い杉」だ。この先にも、いろいろな愛称を持つ杉はあるのだが、案内板が立っていない杉の方が多い。

杉並木を横切る車道に出たら右へ。セブンイレブンが立つ交差点を渡り、そのまま進むと❹大沢御殿跡がある。３代将軍・徳川家光は全10回の日光社参のうち、ここに４回も立ち寄っている。

杉並木に戻り、❺大沢（水無）の一里塚を過ぎると、いったん国道１１９号に出て、再び杉並木へ。もう一度、杉並木を出るとしばらく国道１１９号を歩く。国道１２１号との交差点を渡ると３度目の杉並木だ。この区間は桜杉、❻並木ホテル（七本桜一里塚）と、観光ガイドによく紹介される杉が顔をのぞかせる。

東武日光線の線路をくぐり、10分ほど歩くと小倉歩道橋交差点に着く。そのまま直進すると左から日光例幣使街道（Ｐ１６０参照）が合流する。日光側から見れば追分となる地に❼追分地蔵尊が鎮座する。

時間に余裕があれば、東武日光線の❽下今市駅に寄り道してみよう。平成29年に東武鉄道が約半世紀ぶりに復活させた「ＳＬ大樹《たいじゅ》」の整備基地がある。乗車券や入場券は必要だが、ＳＬの整備風景や展示館、転車台などが見学できる。モデルコースではＪＲ今市駅をゴールとしたが、東武線で家路に就くのもいい。

大イチョウで知られる
旧大沢宿の鎮守様

1 王子神社《おうじじんじゃ》

伝承では鎌倉時代の創建と伝わる。境内の大イチョウは、市指定文化財になった昭和40年（1965）頃までは高さ35mを誇ったが、周囲への配慮から幹や枝を伐り、樹高を約24mに詰めたそうだ。

栃木県日光市大沢町571

祭神は豊城入彦命（トヨキイリヒコノミコト）ほか、源頼朝も祀られる

上／本堂には大日如来が祀られる
中／六尺藤は明治36年（1903）に第34代住職がヤマフジを植樹。それを台木に穂先の長いフジを接ぎ木した
下／参道に並ぶ石仏

かつては将軍の休憩所
春の六尺藤が素晴らしい

2 龍蔵寺《りゅうぞうじ》

明治に現在地へ移転する前は、大沢小学校の場所にあった。4代将軍・徳川家綱以降の日光社参では大沢御殿に代わって将軍の休憩所になった。家綱と10代家治は、ここで昼食もとっている。

栃木県日光市大沢町831

平成25年時点で約1万2500本が残る。
急ピッチで保護活動が続いている

「大沢の四本杉」は同じ大きさの杉を四角形に植えて互いの倒木を防いでいるという

八坂神社の鳥居近くに立つ「枝喰い杉」は本当にかじっているように見える

親子2代で作り上げた
世界に誇る杉並木

3 日光街道杉並木《にっこうかいどうすぎなみき》

徳川家の家臣・松平正綱、正信の親子2代が20数年を費やして植えた杉並木。日光街道、例幣使街道、会津西街道を合わせて約5万本を植樹したという。植樹開始当時の杉は樹齢390余年になる。

栃木県日光市大沢町・森友・今市

一里塚の表示がある西側の塚。東側の方が杉は太い

日光杉並木から少し離れた水田の脇に石碑が立つ

3代徳川家光と4代家綱が
日光社参で立ち寄った

④ 大沢御殿跡

おおさわごてんあと

寛永4年（1627）に竣工した将軍休息所。3代将軍・徳川家光は寛永17年（1640）まで、日光社参の都度ここで休息し、装束を改めたという。一度取り壊され、4代家綱が再建したが、その後は龍蔵寺での休息が多くなる。

日本橋から32番目
東西の塚が残る

⑤ 大沢（水無）の一里塚

おおさわ（みずなし）のいちりづか

水無地区にあるため「水無の一里塚」の別名もある。水無という地名は諸説あり、一説では名主の家に梨の木があり、水分の多い甘い実をつけたので「水梨」と呼ばれ、それが「水無」に転じたという。

杉と桜が共生した桜杉（さくらすぎ）。春には花も咲く

日光街道の右側、一里塚の案内板を目印に

日光杉並木の中でも
ひときわ存在感を示す

⑥ 並木ホテル（七本桜一里塚）

なみきほてる（しちほんざくらいちりづか）

七本桜地区の一里塚。杉の根元に高さ2m、中幅1.1m、下幅2.1mの空洞があり、大人4人ほどが入れることから「並木ホテル」と呼ばれた。実際、雨宿りした旅人も少なくなかっただろうと思われる。

地蔵尊は錫杖と宝珠を持つ姿が多いが、この地蔵尊は手印を結んでいる

洪水で流された地蔵尊を
お連れしたと伝わる

7 追分地蔵尊

おいわけじぞうそん

伝説では、大谷川（だいやがわ）の川原で石切職人が岩に触れたところ血が流れ出し、掘り起こすと地蔵尊が姿を現したという。露座では失礼と、追分から如来寺に移したこともあるが、良くないことが続き、元の場所に戻された。

堂内に高さ約3mの追分地蔵尊が鎮座している

右／SL大樹が転車台で向きを変える　左／駅舎や待合室は昭和レトロ風にリニューアル

昭和レトロの雰囲気に
リニューアルした

8 下今市駅

しもいまいちえき

SL大樹は土・日曜を中心に下今市駅から鬼怒川温泉駅まで走る。下今市駅には機関庫があり、運行日以外でもその勇姿が見られる。登録有形文化財の旧跨線橋はレトロギャラリーに改修されている。

栃木県日光市今市

お耳拝借 10

omimihaisyaku

日光例幣使街道

京都の朝廷は毎年、日光東照宮で行われる例祭に奉幣使（ほうへいし）を派遣した。奉幣使は天皇から直接授けられた金の幣帛（へいはく）を神前に奉献する勅使のことで、正保3年（1646）から毎年派遣された。

京都からは中山道を下り、倉賀野（現在の高崎市）から太田、富田、栃木、合戦場（かっせんば）、金崎、楡木を経て、日光へ至った。日光例幣使街道の杉並木は今市から小倉までの約13.9kmで、6326本（平成25年度調べ）となっている。

こちらの街道にも、いろいろな物語がある。たとえば「十石坂」。鹿沼から日光へ向かう途中にあり、東照宮本社の土台石を運ぶとき、あまりの急坂で人手がかかり、米10石を費やしたという話がある。

また、将軍が日光社参の復路でこちらを通り、宇都宮城ではなく、壬生（みぶ）城で泊まることもあった。機会があれば、こちらを通って日光を目指すのも悪くない。

追分地蔵尊で日光例幣使街道と日光街道が合流する

Course No. 18

今市 ▶ 鉢石

坂道の宿場を抜けて、日光東照宮へ

歩行距離 約10.7km

約2時間40分

歩数 約1万4300歩

Start 今市駅
JR 日光線
▼
1 報徳二宮神社
▼
3 回向庵
▼
4 瀧尾神社
▼
7 野口薬師堂
▼
11 鉢石
▼
14 神橋
▼
Goal 日光東照宮

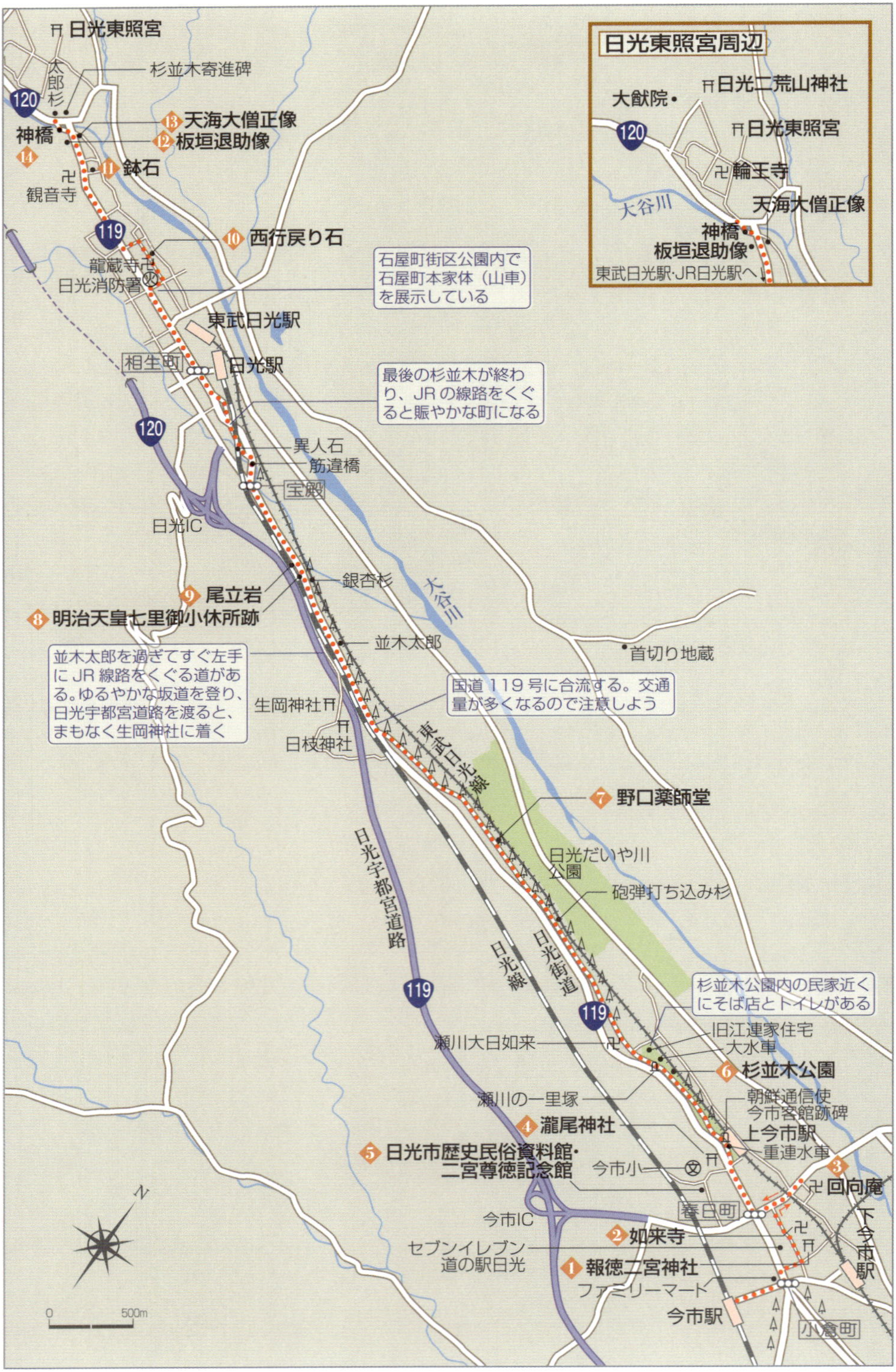
日光東照宮
杉並木寄進碑
太郎杉
120
⑬天海大僧正像
⑫板垣退助像
神橋
⑭
⑪鉢石
観音寺
119
⑩西行戻り石
龍蔵寺
日光消防署
石屋町街区公園内で
石屋町本家体（山車）
を展示している
東武日光駅
相生町
日光駅
最後の杉並木が終わり、JRの線路をくぐると賑やかな町になる
120
異人石
筋違橋
宝殿
日光IC
大谷川
銀杏杉
⑨尾立岩
⑧明治天皇七里御小休所跡
並木太郎
首切り地蔵
並木太郎を過ぎてすぐ左手に JR 線路をくぐる道がある。ゆるやかな坂道を登り、日光宇都宮道路を渡ると、まもなく生岡神社に着く
生岡神社
日枝神社
国道 119 号に合流する。交通量が多くなるので注意しよう
東武日光線
⑦野口薬師堂
日光だいや川公園
砲弾打ち込み杉
日光宇都宮道路
日光線
日光街道
119
119
杉並木公園内の民家近くにそば店とトイレがある
瀬川大日如来
旧江連家住宅
大水車
⑥杉並木公園
瀬川の一里塚
朝鮮通信使今市客館跡碑
④瀧尾神社
上今市駅
重連水車
⑤日光市歴史民俗資料館・二宮尊徳記念館
今市小
③回向庵
春日町
今市IC
②如来寺
下今市駅
セブンイレブン道の駅日光
①報徳二宮神社
ファミリーマート
今市駅
小倉町
0
500m
N
日光東照宮周辺
大猷院
日光二荒山神社
120
日光東照宮
輪王寺
大谷川
天海大僧正像
神橋
板垣退助像
東武日光駅・JR日光駅へ

電線が無く歩道の広い かつての鉢石宿を行く。

さあ、最後のコースを歩こう。ＪＲ今市駅から国道１１９号に出る。今市宿は日光街道、例幣使街道、会津西街道が合流するため、大変な賑わいを見せた。天保14年（１８４３）の記録では、総家数２３６軒（うち本陣と脇本陣が各1軒、旅籠21軒）で人口は１１２２人と伝えている。朝鮮人参の栽培、杉線香の製造など産業も盛んだったが、戊辰戦争の戦火により、昔の町並みは見られない。

今市宿は二宮尊徳の終焉地であり、❶報徳二宮神社の本社裏側には墓所もある。近くの❷如来寺を詣でてから、東武日光線の線路をくぐり❸回向庵に寄り道してみる。墓地の中で見過ごしそうになる自然石の墓石は、江戸時代後期の侠客・国定忠治の参謀役だった日光円蔵の墓という。

風車を供えて厄除けや開運を願う❹瀧尾神社を参詣後、❺日光市歴史民俗資料館／二宮尊徳記念館を訪ねた。1階では、晩年を日光神領の復興に尽力した二宮尊徳の功績を、2階では日光山の成り立ちなどを学べる。

瀧尾神社まで戻り、国道１１９号沿いの杉並木に入る。杉並木に挟まれた道には、畑土や畜産堆肥を詰めた四方に穴が空いたコンクリートを埋めている。道路面と並木敷の高さを同じにすることで樹根の生育環境が広がり、杉が根を張りやすくなるのだという。❻杉並木公園、❼野口薬師堂、砲弾打ち込み杉などを見て、国道１１９号に合流。並木太郎、❽明治天皇七里御小休所跡、❾尾立岩と続き、宝殿交差点の先、杉並木の脇道を入る。

異人石を見て、ＪＲ日光線の線路をくぐるとＪＲ日光駅はすぐだ。大正元年（１９１２）完成の洋館駅舎で、平成29年に耐震工事などの改修を終え、美しく蘇った。日光街道最後の宿場である鉢石宿は、東武日光駅辺りから始まった。天保14年（１８４３）の記録では、総家数２２３軒（本陣2軒、旅籠19軒）、人口９８５人とある。

ここから日光東照宮まで、緩やかな登り坂だが、電線の地中化により見通しが良く、歩道も広くて歩きやすい。脇道に入って❿西行戻り石や⓫鉢石に寄り道。社寺風のみやげ店を過ぎると⓬板垣退助像、⓭天海大僧正像が国道を挟んで立ち、左側に日光山内の入口となる⓮神橋が見える。日光東照宮は目の前だ。

信号を渡り、深沙王堂《じんじゃおうどう》の前から右側の坂道を登ると勝道上人像が出迎えてくれる。日光山輪王寺を回り込むと、真っ直ぐな参道があり、奥に日光東照宮はある。

上／本殿には二宮尊徳の子や高弟も一緒に祀られている
右／二宮尊徳の墓

樹齢200年以上の巨杉を使った
高さ3.3mの尊徳来福像

二宮尊徳の徳を偲び
明治に創建された

1 報徳二宮神社《ほうとくにのみやじんじゃ》

江戸時代後期の実践農政家・二宮尊徳を祭神とする神社。尊徳は600以上の貧しい村や藩の復興・再生を手がけたことから商売繁盛、学業成就などの御利益があると信じられている。

栃木県日光市今市743

右／寛永18年（1641）建立の鐘楼堂
左／本尊は恵心僧都作と伝わる阿弥陀如来

創建より500余年に渡り
今市の町とともに歩む

2 如来寺《にょらいじ》

室町時代に開かれた古刹。3代将軍・徳川家光が境内に御殿を建てさせ、宿泊・休憩した。本堂左側の地蔵堂は「車止め地蔵」と呼ばれ、自分を運ぶ車を動かなくして、鎮座すべき場所を教えたという。

栃木県日光市今市710

山門をくぐると正面に立つ本堂

願い事に応じた色の
風車を奉納して運気を回す

4 瀧尾神社《たきのおじんじゃ》

勝道上人が開いたと伝わる古社。石の鳥居をくぐると小さな橋があり、渡る前後に願い事を5回ずつ唱えると叶うという。霊峰日光連山の風を受けて運気を回すとして、金運は黄色、方位除けは桃色、厄除けは赤の風車を奉納するのもおもしろい。

栃木県日光市今市531

上／今市の総鎮守で大国主命ほか計3柱の御祭神を祀る　下／木造の大鳥居

日光山の歴史や文化と
二宮尊徳の功績に触れる

5 日光市歴史民俗資料館／二宮尊徳記念館《にっこうしれきしみんぞくしりょうかん／にのみやそんとくきねんかん》

二宮尊徳が日光神領の復興をすすめた際の拠点とした「報徳役所」跡に、平成29年に開館した複合施設。歴史民俗資料館、二宮尊徳記念館、市民活動支援センターの3施設があり、館外には報徳役所書庫が立つ。

9時～18時／月曜（祝日の場合は翌日も）・祝日休／入館無料／栃木県日光市今市304-1／☎0288・25・7333

右／施設は洗練されたデザイン　左／二宮尊徳が実践した復興事業を分かりやすく展示解説する

日光市歴史民俗資料館の入口は日光街道杉並木の雰囲気を再現

上左／享和元年（1801）建立の地蔵尊
上右／伝日光円蔵の墓。伝承では円蔵は獄中死しておらず、長崎で医学を学び、晩年は今市で歯科医を開業という
下／佐賀藩士の墓

戊辰戦争で戦死した
土佐・佐賀藩士が眠る

3 回向庵《えこうあん》

如来寺の僧侶の住居として江戸時代に建立。子育て地蔵尊が入口に立つ墓地には戊辰戦争で戦死した土佐藩士10名、佐賀藩士14名が弔われ、後年に墓碑が立てられた。伝日光円蔵の墓もある。

栃木県日光市瀬川145

朝鮮通信使の歴史を伝え
水車、古民家などもある

6 杉並木公園《すぎなみきこうえん》

杉並木の保護を目的にした公園。江戸時代に朝鮮通信使が宿泊した客館はここにあった。通信使は3度、日光を訪問しており、うち2回は東照宮と大猷院で朝鮮式の参拝を行い、国王の進物を贈っている。

栃木県日光市瀬川

上／復元農家で営業するそば屋もある
右／杉線香の生産に活躍した水車。園内には国内と海外の水車を展示

上／天保元年(1830)に立てられた旧江連家
左／朝鮮通信使今市客館跡碑

戊辰戦争の激戦を伝える「砲弾打ち込み杉」

巨大な梵鐘にまつわる
失敗談が微笑ましい

7 野口薬師堂《のぐちやくしどう》

本堂前に置かれた梵鐘が有名。語り伝えでは、明和5年(1768)に村人が石で造った梵鐘を地元の山王権現に奉納しようとした。しかし、鐘が重すぎて龍頭が壊れてしまい、そのまま放置されているという。

栃木県日光市野口

上／見るからに重そうな梵鐘
下／境内には子孫繁栄を願う道祖神も見られる

中禅寺湖の往復に
明治天皇が御小休された

⑧明治天皇七里御小休所跡《めいじてんのうしちりごしょうきゅうしょあと》

明治天皇は明治9年（1876）の東北巡幸で、日光を訪れ、中禅寺湖まで足を伸ばされた。当時の道は石段も多く、ここで馬車から馬に乗り換えられた。往復とも御小休されている。

栃木県日光市七里

高さ約38m、直径2.5m。杉並木で最も大きい並木太郎

しめ縄を張った門の前に石柱が立つ

石仏に守られた
大蛇伝説が残る大岩

⑨尾立岩《おたていわ》

伝説では、日光山の神が宇都宮に遷る際、大蛇となって大谷川を渡った。そして、この岩の上にで、尾を空中に立てたという。国道からJR日光線側に入る脇道の先にあり、見逃しやすいので注意しよう。

岩の下には石仏や庚申塔が鎮座する

杉並木を愛した外国人が
石屋に頼んで座りやすいように
したと伝わる異人石

左／石の傍らに日光出身の小杉放庵が書いた西行法師の歌碑も立つ
下／龍蔵寺の裏手に神社はある

西行法師と少年の
不思議な出会い

10 西行戻り石《さいぎょうもどりいし》

稲荷神社の境内にある巨岩。平安時代末期の歌人・西行法師がこの地で石の上に立つ少年（日光権現の化身と伝わる）と出会い、日光山に入らず、遙拝して戻ったという伝説がある。

栃木県日光市稲荷町1

地元の人々は聖地として大切に守ってきた

勝道上人の伝説もある
地名の由来になった鉢石

11 鉢石《はついし》

日本生命の脇を入った路地に地表から高さ40cmほど隆起した石がある。一説では日光山を開いた勝道上人が托鉢の鉢を置いて休んだことから「鉢石」の呼び名が付いたという。

二社一寺を見つめる軍服姿の板垣退助像

日光を戦火から守った
明治の元勲

⑫板垣退助像《いたがきたいすけぞう》

徳川家康の廟所に籠もり、新政府軍と戦おうと考えた旧幕府軍に対して、新政府軍の総督・板垣退助は説得を行い、日光山内を戦火から救ったという。神橋近くに銅像が立つ。

山口県の錦帯橋、山梨の猿橋とともに日本三奇橋に数えられる

徳川三代に仕えた
日光山中興の祖

⑬天海大僧正像《てんかいだいそうじょうぞう》

豊臣秀吉にほとんどの寺領を没収され、衰退した日光を復興させたのが、日光山第53世貫主の天海大僧正だ。徳川三代に仕え、東照宮の日光遷宮は天海の進言によるものともいわれている。

天海は寛永20年（１６４３）に上野の寛永寺で生涯を閉じた

大谷川に架かる
日光山内の玄関口

⑭神橋《しんきょう》

勝道上人が急流の大谷川を渡れずに困り、神仏に祈ると深沙大王（仏教の水の神）が現れて2匹の蛇を放ち、その背中から山菅（やますげ）が生えて橋になったという伝説がある。

❖日光湯波

揚巻湯波に使う湯波は引き上げた後、金棒にかけて干す

日光グルメで欠かせないのが日光湯波。どのように造り、調理されるのか。食材の歴史も絡めながら紹介。

さしみ湯波は豆乳から最初に引き上げた湯波だけを使う

大豆から豆乳を作り、温めていくと表面に薄い膜ができる。これを引き上げたのが日光湯波だ。製造の過程から、豆腐を作るときに発見されたと推察できる。たまたまできた薄い膜をパクリと食べたところ、「うまい!」と驚いた感じで。

豆腐も湯波も中国で生まれ、やがて日本に伝来する。諸説あるが、一説では約1200年前に遣唐使の最澄が持ち帰り、比叡山延暦寺に伝えたとされている。

その後、山岳信仰の聖地であった日光にも伝わり、修行僧の精進食として食べられるようになる。意外にも、庶民の間に広まるのは明治時代からだという。

京都は「湯葉」で、日光は「湯波」。その違いは漢字だけに思えるが、実は製造方法が異なる。京都は膜が張ったら、端を持って引き上げる。それに対して、日光は膜の下に棒を入れて中央まで移動させてから引き上げる。二つ折りになるので、ボリュームがある。

表記に関しても諸説あり、京都は一枚だから干すと風に揺れる葉のようで「湯葉」に。日光は膜が張る際の皺から「湯婆」となり、その後、女の字がとれて「湯波」になったとも言われている。

大豆、水、職人の技 3つですべてが決まる

湯波の原料は大豆と水のみ。シンプルだからごまかしは利かない。その点、日光はおいしい水に不自由しないので、名物になったのも納得だろう。そして、腕利きの職人たちだ。湯波の命となる豆乳を作るために、産地の違う大豆をブレンドしたり、大豆を水に浸す時間を季節や気温によって変更したりするそうだ。

日光湯波の食べ方としては、さしみ湯波の人気が高い。口の中でとろんと溶け、大豆の甘みが口いっぱいに広がる。生湯波を棒状に丸めて輪切りにし、油で揚げたのは揚巻湯波。こちらは煮物に使い、湯波の隅々まで染みこんだ煮汁が、かみしめるとジュワ〜としみ出してくる。乾燥させた湯波は歯ごたえがよく、サラダなどにも使われる。

日光の町中を歩けば、本格的な会席料理はもちろん、手軽なラーメンやそば、丼などでも日光湯波を味わえる。せっかく日光を訪れるならば、一度は食したいところだ。

揚巻湯波はだし汁の旨さが決め手となる

日光山内

日光街道の長い旅路の果てに待つ世界遺産の霊地

日光東照宮の陽明門

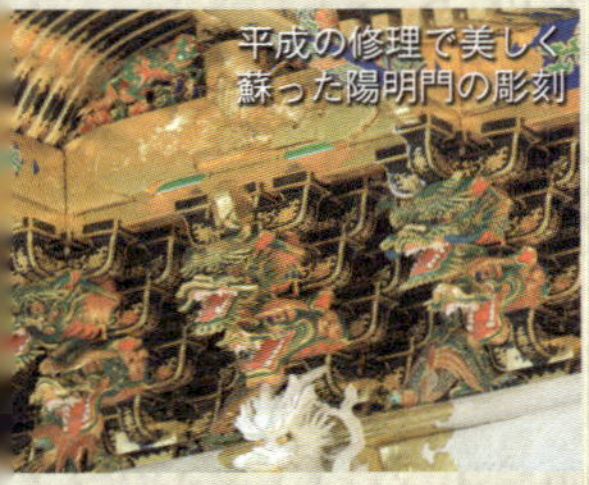
平成の修理で美しく蘇った陽明門の彫刻

人生訓が込められた司馬温公(しばおんこう)の瓶割り

日光山を開いた勝道上人

日光東照宮
日光山輪王寺・
大猷院
日光二荒山神社

日光東照宮《にっこうとうしょうぐう》

豪華絢爛な彫刻に込められた
人生の教えと平和への祈り

8時～17時（11月～3月は～16時。入場は閉門の30分前まで）／無休／東照宮拝観券1300円／栃木県日光市山内2301／☎0288-54-0560

魔除けの逆柱《まよけのさかばしら》

陽明門の柱で、「建物は完成した時から崩壊が始まる」という考えから、あえて模様を逆さにして“未完成”にした

陽明門《ようめいもん》

500体以上の彫刻が施され、1日眺めていても飽きることがないことから「日暮（ひぐらし）の門」とも呼ばれている。「東照大権現」の扁額は後水尾（ごみずのお）天皇が揮毫された

眠り猫《ねむりねこ》

名工・左甚五郎の作と伝わる。裏側に雀の彫刻があり、猫が寝ているから雀が安心して暮らせる、強者と弱者が共存できる平和な世の中を表している

永き戦乱の世に終止符を打ち、平和の時代をもたらした徳川家康は、元和２年（１６１６）に駿府城（静岡県）で死去する。遺骸は遺言に従って久能山東照宮に収められ、翌年に現在の日光東照宮に遷された。最初の造営はわずか６カ月の短期間にもかかわらず、本社、本地堂、神厩舎など、久能山とほぼ同規模の社殿が建てられたといわれる。

寛永11年（１６３４）、３代将軍・徳川家光は、伊勢神宮などの大社が20年ごとに社殿を建て替えることに習い、豪華絢爛な社殿に一新する。この時は御用絵師の狩野一門をはじめ、全国から当代の名工・巨匠が集められ、１年５カ月で完成している。総工費は約

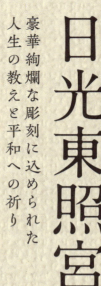

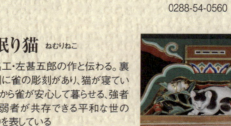

三猿(神厩舎)《さんざる(しんきゅうしゃ)》

人間の一生を8面の彫刻で描いた作品の1つ。「子どもが小さい時には、悪いものに触れないように」と教えている

五重塔《ごじゅうのとう》

慶安3年(1650)に小浜藩主・酒井忠勝が奉納したのが始まり。焼失したため、同藩主・酒井忠進が文政元年(1818)に再建した

想像の象(上神庫)《そうぞうのぞう(かみじんこ)》

絵師・狩野探幽(かのうたんゆう)が実物を見ずに下絵を描いたことから「想像の象」と呼ばれる

牡丹《ぼたん》

陽明門の内側、東西側面にある。下絵は狩野養川院法印惟信(かのうようせんいんほういんこれのぶ)が描いている

唐門《からもん》

胡粉(ごふん)で白く塗られた本社の正門。柱や扉に唐木の名木を使用している。古代中国の聖人や賢人を題材にした彫刻も見られる

奥社《おくしゃ》

眠り猫から長い石段を登ると奥社がある。拝殿の後ろに徳川家康の遺骸を安置した銅製の宝塔が立つ

400億円で、家光の手許金から支払われている。

東照宮の参拝には、厳格な決まりがあり、拝殿に上がれるのは大名以上。拝殿に座る場所も家格で決められていた。陽明門の下までだが、庶民の参拝も許された。ただし、各藩から証明書をもらい、事前に申請して、決められた宿坊に泊まり、堂者引きと呼ばれる案内人がついてやっと参拝できた。それらの手続きをせず、拝殿にも上がることができる現代人は江戸の庶民からすると羨ましい限りだろう。

建物は55棟。5137体の彫刻には人生を穏やかに、また実り豊かにするための教えが込められている。たっぷりと時間を取って参拝したい。

日光山輪王寺《にっこうざんりんのうじ》／大猷院《たいゆういん》

息を飲むほどの圧倒的な存在感
仏を通じて日光三山の神を感じる

三仏堂《さんぶつどう》

大仏の日光三社権現本地仏は山岳信仰に基づき、男体山が千手観音、女峰山が阿弥陀如来、太郎山が馬頭観音の姿になり鎮座している

二天門（大猷院）
にてんもん（たいゆういん）

日光山内で最大の門。後水尾上皇の筆による扁額が掲げられている

本殿（大猷院）
ほんでん（たいゆういん）

拝殿、相の間、本殿が連なり拝殿まで見学できる。昇り龍と下り龍を描いた140枚の天上画、狩野探幽作の唐獅子も見どころだ

8時～17時（11月～3月は～16時。入場は閉門の30分前）／無休／輪王寺券900円（三仏堂単独拝観券400円・大猷院単独拝観券550円）／栃木県日光市山内2300／☎0288-54-0531

天台宗三本山の1つ。天平《てんぴょう》神護《じんご》2年（766）に勝道上人が開いた四本龍寺《しほんりゅうじ》を始まりとし、山内や奥日光に立つ堂塔をまとめて「輪王寺」と呼ぶ。総本堂の三仏堂は日光山最大の大きさを誇る木造建築で、高さ7・5mの「日光三社権現本地仏」と「東照三社権現本地仏」の2組の三尊仏を本尊として祀っている。

大猷院は3代将軍・徳川家光の廟所で、死後も尊敬する徳川家康のそばに仕えたいという願いで建立された。東照宮を凌いではならないという遺言に従い、黒と金を基調にした装飾は控えめだ。平成30年に6年がかりの改修が終わり、美しく蘇った二天門と広目天・持国天が公開された。

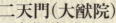

日光二荒山神社《にっこうふたらさんじんじゃ》

日光全域を境内とする古社
近年は人気パワースポットに

１２００年以上前から男体山を御神体として祀ってきた古社。境内は、華厳の滝、いろは坂、日光連山を含む約３４００ｈａに及び、男体山山頂に奥宮、中禅寺湖畔に中宮祠、山内に本社がある。

祭神は主祭神・大己貴命《おおなむちのみこと》、妃神・田心姫命《たごりひめのみこと》、御子神・味耜《あじすき》高彦命《たかひこねのみこと》の親子三柱からなる二荒山大神《ふたらやまのおおかみ》。大己貴命は別名を大国主命（大国様）といい福の神、縁結びの神であることから、良い縁を結ぶパワースポットとしても人気がある。

本社境内の「神苑」には、警備の武士が夜にお化けと間違えて切りつけた刀傷が残る化燈籠や大国殿、飲むと若返りや頭が良くなると信じられる二荒霊泉がある。

拝殿《はいでん》

正保年間（1644～48）頃に建立されたと伝わる。奥の本殿は2代将軍・徳川秀忠が元和5年（1619）に寄進した

神門《しんもん》

奥宮の鎮座1200年を記念して昭和57年（1982）に建立。東側の楼門も同時期に造られた

縁結びの御神木《えんむすびのごしんぼく》

杉にナラが宿り木した御神木。「すぎ（き）なら一緒に!」の語呂合わせから、縁結びの木として親しまれる

足尾のだいこく様《あしおのだいこくさま》

数年前まで足尾で「だいこく神輿」として担がれていた金のだいこく様

8時～17時（11月～3月は9時～16時。入場は閉門の30分前）／無休／拝観無料（神苑入園料200円）／栃木県日光市山内2307／☎0288-54-0535

け

こ

さ

し

す

せ

日光街道五十音順 INDEX ※数字はコース番号-掲載ページを表しています

日光街道五十音順 INDEX ※数字はコース番号-掲載ページを表しています

著者
街道歩き委員会
内田 晃(うちだ あきら)
自転車での日本一周を機に旅行記者を志す。四国八十八ヵ所などの巡礼道、街道、路地など、歩き取材を得意とする。
日本旅行記者クラブ会員

40代からの街道歩き
《日光街道編》

2018年9月2日　初版第1刷発行
2020年11月28日　第2刷発行

著　者　街道歩き委員会
　　　　内田 晃
取材・執筆・写真　内田 晃

編　集　株式会社アド・グリーン
　　　　塙 広明
デザイン　宮内 雅子
地　図　エルフ／萩原 和子
発行者　亀井 忠雄
発行所　**株式会社創英社／三省堂書店**
　　　　東京都千代田区神田神保町1-1
　　　　Tel 03-3291-2295
　　　　Fax 03-3292-7687
印刷／製本　三省堂印刷株式会社

ISBN 978-4-86659-001-1
C0026